Guida Pratica alla Coltivazione delle Piante da Interno

Tecniche, Trucchi e Segreti per un Giardino Domestico Rigoglioso

Indice

V. Tecniche Avanzate di Coltivazione e Manutenzione

🎁 Alla fine di questo libro troverai un regalo esclusivo!

Guida Pratica alla Coltivazione delle Piante da Interno

Tecniche, Trucchi e Segreti per un Giardino Domestico Rigoglioso

I. Fondamenti della Coltivazione delle Piante da Interno

1. Introduzione alla coltivazione indoor

Benvenuti nella nostra guida pratica alla coltivazione delle piante da interno! Se siete appassionati di verde, desiderate trasformare il vostro appartamento in un'oasi rigogliosa di piante, o semplicemente volete portare un po' di natura all'interno dei vostri spazi, siete nel posto giusto.

La coltivazione delle piante da interno offre un'opportunità unica di connessione con la natura, migliorando al contempo la qualità dell'aria e il benessere generale degli abitanti della casa. In questo primo capitolo, esploreremo i fondamenti della coltivazione indoor, fornendo le basi necessarie per avviare con successo il vostro giardino domestico. Dalle considerazioni iniziali sulla selezione delle piante più adatte all'ambiente interno, passando per la scelta dei contenitori e del terreno, fino alle tecniche di irrigazione e di cura costante, vi condurremo attraverso ogni passo del processo di coltivazione.

Preparatevi a imparare e a mettere in pratica le nostre istruzioni dettagliate, poiché vi condurremo in un viaggio verso la creazione e la cura di un giardino domestico rigoglioso e soddisfacente.

2. Selezione delle piante adatte all'ambiente interno

Quando si tratta di selezionare le piante da coltivare all'interno, è importante considerare una serie di fattori per garantire il successo del vostro giardino domestico. Le piante da interno hanno esigenze specifiche che differiscono da quelle delle piante da esterno, e scegliere quelle più adatte alle condizioni ambientali della vostra casa è fondamentale per garantire la loro salute e vitalità.

Iniziate valutando l'illuminazione disponibile nei vari ambienti della vostra abitazione. Osservate attentamente le aree dove desiderate posizionare le piante e notate quante ore di luce diretta ricevono durante il giorno. Le piante vengono solitamente classificate in base alla loro tolleranza alla luce: alcune preferiscono condizioni di pieno sole, altre si adattano bene alla luce indiretta e altre ancora possono prosperare anche in ambienti con poca illuminazione. Ad esempio, le piante come la sansevieria e la dracaena marginata sono note per la loro capacità di sopportare condizioni di scarsa luce, rendendole ottime scelte per gli ambienti con poca illuminazione naturale.

Oltre alla luce, è importante considerare anche l'umidità e la temperatura della vostra casa. Alcune piante, come le felci e le orchidee, richiedono ambienti umidi per prosperare, mentre altre, come i cactus e le piante grasse, preferiscono condizioni più secche. Fate attenzione anche alla temperatura: alcune piante possono soffrire se esposte a sbalzi termici o a temperature costantemente elevate o basse.

Infine, considerate lo spazio disponibile e il vostro livello di impegno nella cura delle piante. Se avete poco spazio o poco tempo da dedicare alla cura delle piante, potreste preferire piante più compatte e facili da mantenere, come le piante succulente o le erbe aromatiche.

Ricordate che la scelta delle piante giuste è fondamentale per il successo del vostro giardino domestico, quindi prendetevi il tempo necessario per valutare attentamente le vostre opzioni prima di fare una selezione finale.

3. Fattori ambientali influenti: luce, temperatura, umidità

La riuscita della coltivazione delle piante da interno dipende in gran parte dalla corretta gestione dei tre principali fattori ambientali: luce, temperatura e umidità. Ogni pianta ha esigenze specifiche in merito a questi fattori, e comprendere come influenzano la crescita e la salute delle piante vi aiuterà a creare un ambiente ottimale per il vostro giardino domestico.

Iniziamo con la luce. La luce è essenziale per la fotosintesi, il processo attraverso il quale le piante producono energia utilizzando la luce solare. Quando si coltivano piante da interno, è importante valutare attentamente l'illuminazione disponibile in ogni ambiente. Le piante che richiedono molta luce diretta dovrebbero essere posizionate in aree della casa esposte al sole per almeno sei ore al giorno. Tuttavia, se non avete accesso a sufficiente luce naturale, potreste considerare l'utilizzo di luci artificiali a LED o a fluorescenza per integrare la luce naturale e soddisfare le esigenze luminose delle vostre piante.

Passiamo poi alla temperatura. Le piante da interno hanno una gamma di temperature in cui prosperano, e mantenere una temperatura costante è essenziale per il loro benessere. La maggior parte delle piante tropicali preferisce temperature moderate, comprese tra i 18°C e i 24°C durante il giorno e leggermente più basse di notte. Tuttavia, ci sono eccezioni: ad esempio, le piante succulente e i cactus possono tollerare temperature più calde e più fredde. È importante monitorare la temperatura nelle diverse stanze della vostra casa e posizionare le piante di conseguenza per evitare danni dovuti a sbalzi termici improvvisi.

Infine, l'umidità è un altro fattore cruciale da considerare nella coltivazione delle piante da interno. Mentre alcune piante preferiscono ambienti umidi, come le felci e le orchidee, altre prosperano in condizioni più asciutte, come i cactus e le piante grasse. Se vivete in un ambiente particolarmente secco, potreste considerare l'uso di umidificatori per aumentare l'umidità intorno alle vostre piante. In alternativa, potreste collocare vasi su piattini riempiti d'acqua o utilizzare tecniche di nebulizzazione per mantenere un livello ottimale di umidità intorno alle vostre piante.

Comprendere e gestire attentamente questi tre fattori ambientali vi aiuterà a creare le condizioni ottimali per la crescita e la salute delle vostre piante da interno.

4. Scelta dei contenitori e del terreno

Oltre alla corretta gestione dei fattori ambientali, la scelta dei contenitori e del terreno gioca un ruolo fondamentale nel garantire il successo della coltivazione delle piante da interno. I contenitori devono fornire un ambiente adatto alle radici delle piante, consentendo il corretto drenaggio dell'acqua e la ventilazione delle radici. Inoltre, il tipo di terreno utilizzato influenzerà la capacità delle piante di assorbire nutrienti e acqua.

Quando si sceglie il contenitore, è importante considerare le dimensioni della pianta e il suo sistema radicale. I contenitori troppo piccoli possono limitare lo sviluppo delle radici e causare soffocamento della pianta, mentre quelli troppo grandi possono rendere difficile il controllo dell'umidità e favorire il ristagno d'acqua. Scegliete contenitori con fori di drenaggio sul fondo per consentire all'acqua in eccesso di defluire e evitare il marciume delle radici. Se utilizzate contenitori decorativi senza fori, assicuratevi di posizionare uno strato di ghiaia o ciottoli sul fondo per migliorare il drenaggio.

Per quanto riguarda il terreno, è importante scegliere un substrato di alta qualità che fornisca alle radici delle piante una buona aerazione e drenaggio. Il terreno ideale per le piante da interno dovrebbe essere leggero, ben drenato e ricco di nutrienti. Potete optare per terreni specifici per piante da interno disponibili nei negozi di giardinaggio, oppure preparare il vostro miscuglio utilizzando una combinazione di torba, perlite e vermiculite. Assicuratevi che il terreno sia sterile per evitare l'introduzione di malattie o parassiti nelle vostre piante.

Una volta scelti i contenitori e il terreno, assicuratevi di trapiantare le vostre piante regolarmente per evitare che diventino sovraffollate e che il terreno si esaurisca di nutrienti. Monitorate attentamente l'umidità del terreno e assicuratevi di innaffiare le vostre piante solo quando necessario, evitando sia il ristagno d'acqua che l'asciugatura eccessiva del terreno.

Prendetevi cura dei vostri contenitori e del terreno come fareste con le vostre piante stesse, e sarete ricompensati con piante sane e rigogliose.

5. Irrigazione e drenaggio

La gestione dell'irrigazione e del drenaggio è una delle competenze fondamentali per il successo della coltivazione delle piante da interno. L'acqua è essenziale per la vita delle piante, ma un'eccessiva o insufficiente irrigazione può portare a una serie di problemi, tra cui marciume delle radici, malattie fungine e secchezza delle piante.

Quando si tratta di irrigazione, è importante mantenere un equilibrio tra l'umidità del terreno e le esigenze idriche delle vostre piante. Prima di innaffiare, controllate sempre la umidità del terreno inserendo un dito nel terreno fino a circa due centimetri di profondità. Se il terreno risulta ancora umido, aspettate prima di irrigare nuovamente. Se invece il terreno è secco al tatto, è il momento di innaffiare.

Quando innaffiate le vostre piante, assicuratevi di farlo uniformemente e lentamente per consentire all'acqua di penetrare uniformemente nel terreno. Evitate di bagnare le foglie delle piante, in quanto l'umidità sulle foglie può favorire lo sviluppo di malattie fungine. Inoltre, evitate di lasciare ristagnare l'acqua nei sottovasi, poiché il ristagno d'acqua può portare al marciume delle radici. Assicuratevi sempre che i vasi abbiano fori di drenaggio e che l'acqua in eccesso possa defluire liberamente.

Parlando di drenaggio, è fondamentale garantire che i vostri contenitori abbiano un adeguato sistema di drenaggio per evitare il ristagno d'acqua. Se utilizzate contenitori senza fori di drenaggio, potreste incorrere in problemi come il marciume delle radici e la muffa del terreno. Potete migliorare il drenaggio aggiungendo uno strato di ghiaia o ciottoli sul fondo del contenitore prima di aggiungere il terreno. Questo permetterà all'acqua in eccesso di defluire più facilmente e ridurrà il rischio di sovrabbondanza d'acqua intorno alle radici delle piante.

Prendetevi cura dell'irrigazione e del drenaggio delle vostre piante con attenzione e precisione, e sarete ricompensati con piante forti e rigogliose che prospereranno nel vostro giardino domestico.

6. Concimazione e nutrizione delle piante

La concimazione è un aspetto essenziale della cura delle piante da interno e svolge un ruolo fondamentale nel garantire che le vostre piante ricevano tutti i nutrienti di cui hanno bisogno per crescere sani e rigogliosi. Anche se il terreno può fornire una certa quantità di nutrienti alle vostre piante, è importante integrare questa nutrizione con l'uso di concimi specifici per piante da interno.

Prima di iniziare a concimare le vostre piante, è importante capire le loro esigenze nutrizionali e scegliere il concime giusto per loro. I concimi per piante da interno sono disponibili in diverse formulazioni, comprese le opzioni liquide, granulari e a rilascio lento. Potete optare per un concime equilibrato che fornisca una miscela completa di nutrienti, come azoto, fosforo e potassio, oppure per formulazioni specializzate progettate per soddisfare le esigenze specifiche delle vostre piante.

Quando si tratta di concimare, è importante seguire le istruzioni sulla confezione e concimare le piante solo durante il periodo di crescita attiva, di solito dalla primavera all'autunno. Evitate di concimare le piante durante i mesi invernali o quando sono in uno stato di dormienza, poiché possono non essere in grado di utilizzare efficacemente i nutrienti aggiunti.

Quando applicate il concime, assicuratevi di diluirlo accuratamente secondo le istruzioni sulla confezione e di applicarlo uniformemente intorno alle radici delle piante. Evitate di sovraconcimare le vostre piante, poiché un'eccessiva concentrazione di nutrienti può danneggiare le radici e portare a problemi di salute delle piante. È meglio concimare leggermente e più frequentemente piuttosto che applicare grandi dosi di concime in una sola volta.

Infine, ricordate che la concimazione è solo una parte del quadro generale della cura delle piante. Assicuratevi sempre di fornire alle vostre piante una corretta irrigazione, luce e ventilazione per garantire che possano assorbire efficacemente i nutrienti e prosperare nel vostro giardino domestico.

7. Gestione delle infestazioni di parassiti e malattie

Anche se la coltivazione delle piante da interno offre numerosi vantaggi, può purtroppo essere accompagnata da sfide come l'insorgere di parassiti e malattie. È importante essere proattivi nella gestione di queste minacce per proteggere la salute e la vitalità delle vostre piante.

Il primo passo nella gestione delle infestazioni di parassiti e malattie è quello di monitorare attentamente le vostre piante per individuare eventuali segni di problemi. Esaminate regolarmente le foglie, i fusti e le radici delle piante alla ricerca di insetti dannosi, muffe, macchie o altri segni di malattia. Se notate qualcosa di sospetto, agite prontamente per identificare la causa del problema e prendere le misure correttive necessarie.

Una delle tecniche più efficaci per gestire le infestazioni di parassiti è l'uso di metodi naturali di controllo dei parassiti, come l'applicazione di oli vegetali, l'uso di insetticidi naturali a base di piante, o l'introduzione di predatori naturali come coccinelle o mantidi religiose. Evitate l'uso eccessivo di pesticidi chimici, in quanto possono danneggiare sia le piante che l'ambiente circostante e possono portare alla resistenza dei parassiti.

Per quanto riguarda le malattie fungine e batteriche, è importante praticare una buona igiene delle piante per ridurre il rischio di diffusione delle malattie. Mantenete le piante pulite e ben ventilate, evitando l'accumulo di foglie morte o resti vegetali intorno alle piante. Se notate segni di malattia, come macchie fogliari o marciume delle radici, rimuovete immediatamente le parti colpite e trattate le piante con un fungicida o un insetticida specifico per la malattia in questione.

Infine, ricordate che la prevenzione è il miglior rimedio. Mantenere le piante sane e forti attraverso una corretta irrigazione, concimazione e cura generale può aiutare a ridurre il rischio di infestazioni di parassiti e malattie e mantenere il vostro giardino domestico rigoglioso e vibrante.

8. Potatura e rimozione delle foglie morte

La potatura e la rimozione delle foglie morte sono pratiche importanti per mantenere le vostre piante da interno in salute e vigorose. Queste attività non solo aiutano a migliorare l'aspetto delle piante, ma favoriscono anche la crescita e la fioritura, prevenendo il soffocamento e la diffusione di malattie.

La potatura è il processo di taglio selettivo di parti della pianta, come rami, steli o foglie, per promuovere la crescita e la forma desiderate. Le piante da interno possono richiedere potature regolari per rimuovere rami danneggiati o malati, favorire la crescita di nuovi germogli e controllare la forma e le dimensioni della pianta. Quando potate le vostre piante, assicuratevi di utilizzare forbici o cesoie pulite e affilate per evitare di danneggiare i tessuti vegetali. Tagliate sempre al di sopra di un nodo fogliare o di un germoglio laterale per incoraggiare la crescita in quella direzione.

La rimozione delle foglie morte o danneggiate è altrettanto importante per mantenere la salute delle vostre piante. Le foglie morte possono diventare un terreno fertile per muffe e batteri dannosi, quindi è essenziale rimuoverle non appena le notate. Utilizzate le stesse tecniche di potatura per rimuovere le foglie morte o gialle, assicurandovi di tagliare il gambo il più vicino possibile alla base della pianta senza danneggiare i tessuti sani circostanti.

È importante notare che non tutte le piante richiedono la stessa frequenza di potatura e rimozione delle foglie morte. Alcune piante possono richiedere potature più frequenti per mantenere la loro forma o per promuovere la fioritura, mentre altre possono richiedere solo una manutenzione occasionale. Prendetevi il tempo di conoscere le esigenze specifiche delle vostre piante e di osservarle attentamente per determinare quando è necessario intervenire.

Con una pratica regolare di potatura e rimozione delle foglie morte, potrete mantenere le vostre piante da interno sane, forti e attraenti per molti anni a venire.

9. Riproduzione delle piante da interno: seme, talee, divisione

La riproduzione delle piante da interno è un modo gratificante per espandere la vostra collezione di piante e condividere il vostro amore per il giardinaggio con gli amici e la famiglia. Esistono diverse tecniche di propagazione che è possibile utilizzare per moltiplicare le vostre piante da interno, tra cui seme, talee e divisione.

La propagazione tramite seme è una delle tecniche più comuni e semplici per la riproduzione delle piante da interno. Per iniziare, raccogliete i semi dalle vostre piante mature o acquistateli da un fornitore affidabile. Piantate i semi in un terreno ben drenato, leggermente umido, e posizionateli in un luogo caldo e luminoso. Tenete il terreno costantemente umido ma non bagnato e attendete pazientemente che i semi germoglino e crescano. Una volta che le piantine sono abbastanza grandi da essere maneggiate, trapiantatele in vasi individuali e continuate a curarle come fareste con le piante adulte.

Le talee sono un'altra tecnica popolare per la propagazione delle piante da interno e possono essere utilizzate per moltiplicare rapidamente le vostre piante esistenti. Per preparare una talea, tagliate una porzione sana della pianta madre, assicurandovi di includere sia una sezione del gambo che alcune foglie. Rimuovete le foglie inferiore dalla talea e immergete la base nella polvere di radice per favorire la formazione delle radici. Piantate la talea in un terreno ben drenato e tenetela umida finché non si sviluppano radici robuste. Una volta che la talea ha radici sufficienti, trapiantatela in un vaso individuale e continuate a curarla come fareste con le piante adulte.

La divisione è una tecnica adatta a piante con fusti o radici che crescono a ciuffi, come ad esempio le piante erbacee o le piante succulente. Per dividere una pianta, estraetela con cura dal suo contenitore e separatela in più sezioni utilizzando un coltello affilato o le mani. Assicuratevi che ogni sezione abbia radici e fusti sani e piantatela in un terreno ben drenato. Mantenete le nuove divisioni umide e protette dalla luce solare diretta finché non si stabilizzano e iniziano a crescere.

Sperimentate con queste diverse tecniche di propagazione per trovare quella più adatta alle vostre piante e al vostro stile di giardinaggio. Con un po' di pazienza e cura, sarete presto in grado di espandere la vostra collezione di piante da interno e godere dei frutti del vostro lavoro.

10. Monitoraggio e cura costante delle piante

Il monitoraggio e la cura costante delle vostre piante da interno sono fondamentali per mantenere la loro salute e la loro bellezza nel tempo. Questa pratica richiede una certa attenzione e dedizione, ma i risultati saranno evidenti nelle piante rigogliose e vigorose che cresceranno nel vostro giardino domestico.

Iniziate con un monitoraggio regolare delle vostre piante, osservando attentamente il loro aspetto e il loro comportamento. Esaminate le foglie per individuare eventuali segni di malattie, parassiti o carenze nutritive. Controllate il terreno per assicurarvi che sia umido, ma non troppo bagnato, e che non vi siano accumuli di acqua nei sottovasi. Osservate anche la crescita delle piante e prendete nota di eventuali cambiamenti nel loro sviluppo o nell'aspetto generale.

Una volta individuati eventuali problemi, agite prontamente per risolverli. Se notate segni di malattie o parassiti, isolate immediatamente le piante infette e trattatele con i rimedi appropriati. Se le piante sembrano soffrire di carenze nutritive, aggiungete concime al terreno secondo le istruzioni sulla confezione. Rimuovete regolarmente foglie morte o danneggiate e mantenete il terreno pulito per prevenire la diffusione di malattie.

Oltre al monitoraggio regolare, è importante fornire alle vostre piante una cura costante e attenta. Ciò include l'irrigazione regolare secondo le esigenze specifiche delle piante, evitando sia il sovra- che il sottoraffreddamento. Concimate le piante regolarmente durante il periodo di crescita attiva e potatele secondo necessità per promuovere una crescita sana e robusta. Mantenete anche un'adeguata ventilazione intorno alle piante per prevenire la formazione di muffe e batteri.

Infine, prendetevi del tempo per osservare e godere delle vostre piante da interno. Oltre a essere fonte di bellezza e sollievo dallo stress, le piante possono anche essere indicatori del vostro successo come giardinieri. Godetevi il processo di cura delle vostre piante e sarete ricompensati con un giardino domestico rigoglioso e vibrante.

II. Piante da Interno per Ambienti con Poca Luce

1. Caratteristiche delle piante adatte a bassa luminosità

Le piante adatte a bassa luminosità sono una scelta ideale per gli ambienti interni che ricevono poca luce solare diretta, come le stanze con finestre orientate a nord o le zone poco illuminate della casa. Queste piante sono adattate a sopravvivere e prosperare in condizioni di illuminazione ridotta, grazie a una serie di adattamenti che le rendono in grado di utilizzare efficacemente anche la luce più scarsa.

Una delle principali caratteristiche delle piante adatte a bassa luminosità è la capacità di adattare la loro fotosintesi alle condizioni di illuminazione limitate. Queste piante hanno foglie più grandi e sottili rispetto alle loro controparti che richiedono più luce, il che consente loro di catturare quanta più luce possibile anche in condizioni di scarsa luminosità. Inoltre, molte di queste piante hanno fogliame di colore verde scuro, che è in grado di assorbire e utilizzare meglio la luce disponibile.

Oltre alle foglie adattate alla bassa luminosità, molte piante adatte a queste condizioni hanno anche una maggiore tolleranza alla siccità. Questo significa che sono in grado di sopravvivere a periodi prolungati senza irrigazione, il che le rende ideali per ambienti interni dove può essere più difficile mantenere un adeguato livello di umidità nel terreno. Tuttavia, è importante notare che anche le piante adatte a bassa luminosità hanno ancora bisogno di essere annaffiate regolarmente, anche se meno frequentemente rispetto alle piante che richiedono più luce.

Infine, molte piante adatte a bassa luminosità hanno anche una crescita più lenta rispetto alle loro controparti che preferiscono la luce, il che le rende perfette per gli ambienti interni dove lo spazio potrebbe essere limitato. Queste piante tendono a rimanere più compatte e a crescere più lentamente, il che le rende adatte anche a vasi più piccoli e a spazi più ristretti.

Conoscere le caratteristiche delle piante adatte a bassa luminosità vi aiuterà a selezionare le piante giuste per gli ambienti interni con poca luce solare diretta, garantendo che crescano felici e in salute nel vostro giardino domestico.

2. Esempi pratici di piante da interno per ambienti poco illuminati

Se state cercando piante da interno adatte ad ambienti poco illuminati, avete molte opzioni tra cui scegliere. Ecco dieci esempi pratici di piante che prosperano in condizioni di bassa luminosità e sono perfette per aggiungere verde e vitalità alla vostra casa:

1. **Sansevieria (Sansevieria trifasciata)**: Comunemente conosciuta come "lingua di suocera", la sansevieria è una pianta da interno resistente e facile da curare che tollera bene la scarsa luminosità. Ha foglie lunghe e sottili, di solito di colore verde scuro, che possono crescere fino a diverse decine di centimetri di altezza. La sansevieria è nota anche per la sua capacità di purificare l'aria, rendendola un'ottima scelta per gli ambienti interni.

2. **Pothos (Epipremnum aureum)**: Il pothos è un'altra pianta da interno popolare e resistente che cresce bene anche in condizioni di illuminazione ridotta. Ha foglie a forma di cuore di colore verde brillante o variegato, che possono crescere lunghe e rampicanti, rendendolo ideale per essere appeso o posizionato su mensole alte. Il pothos è anche una pianta molto adattabile e può sopportare periodi di siccità, il che lo rende perfetto per chi tende a dimenticarsi di annaffiare le piante.

3. **Dracena (Dracaena spp.)**: Le dracene sono piante da interno molto apprezzate per i loro vivaci fogliame e la loro tolleranza alle condizioni di illuminazione ridotta. Esistono diverse varietà di dracene disponibili, alcune con foglie lunghe e sottili, altre con foglie larghe e lanceolate. Le dracene sono anche conosciute per la loro capacità di rimuovere le tossine dall'aria, rendendole ideali per gli ambienti interni.

4. **ZZ Plant (Zamioculcas zamiifolia)**: La ZZ Plant è una
pianta da interno resistente e a crescita lenta che
prospera anche in condizioni di scarsa luminosità. Ha
foglie lucide e coriacee di colore verde scuro, che
crescono direttamente dal rizoma sotterraneo. La ZZ
Plant è nota per la sua resistenza e la sua capacità di
sopravvivere anche a lunghi periodi senza acqua, il che
la rende perfetta per chi cerca una pianta facile da
curare.

5. **Aglaonema (Aglaonema spp.)**: Conosciuta anche come
"pianta di fortuna cinese", l'aglaonema è una pianta da
interno molto versatile e resistente. Ha foglie variegate
di colore verde scuro e argento, che possono aggiungere
un tocco di eleganza a qualsiasi ambiente. L'aglaonema
tollera bene la scarsa luminosità e richiede solo
annaffiature moderate.

6. **Philodendron (Philodendron spp.)**: I philodendron
sono piante rampicanti molto popolari, apprezzate per la
loro facilità di coltivazione e la loro capacità di
prosperare anche in condizioni di scarsa illuminazione.
Hanno foglie a forma di cuore o lanceolate di colore
verde scuro, e alcune varietà possono presentare
fogliame variegato. I philodendron possono essere
posizionati in vasi appesi o su mensole alte per
consentire loro di crescere liberamente.

7. **Spider Plant (Chlorophytum comosum)**: La spider plant è una pianta da interno dall'aspetto unico, caratterizzata da lunghe foglie a nastro e piccoli "bambini" che pendono dai rami. È nota per la sua tolleranza alle condizioni di scarsa luminosità e alla sua capacità di purificare l'aria. La spider plant è facile da coltivare e richiede solo annaffiature moderate.

8. **Cast Iron Plant (Aspidistra elatior)**: La cast iron plant è una pianta da interno robusta e resistente che cresce bene anche in condizioni di scarsa luminosità. Ha foglie larghe e coriacee di colore verde scuro, che possono aggiungere un tocco di bellezza e eleganza agli ambienti interni. La cast iron plant è nota per la sua tolleranza alla negligenza e alla sua capacità di sopravvivere anche con poche cure.

9. **Peace Lily (Spathiphyllum spp.)**: Il peace lily è una pianta da interno molto apprezzata per la sua eleganza e la sua capacità di fiorire anche in condizioni di scarsa luminosità. Ha foglie lucide di colore verde scuro e produce fiori bianchi a forma di spata che sbocciano periodicamente durante tutto l'anno. Il peace lily è facile da coltivare e richiede solo annaffiature regolari per prosperare.

10. **Chinese Evergreen (Aglaonema modestum):** La chinese evergreen è una pianta da interno molto decorativa e resistente, ideale per ambienti poco illuminati. Ha foglie grandi e lanceolate, di solito di colore verde scuro o variegato, che possono aggiungere un tocco di colore e vitalità alla vostra casa. La chinese evergreen è facile da coltivare e richiede solo annaffiature moderate per mantenere il suo aspetto migliore.

Con questi dieci esempi di piante adatte ad ambienti poco illuminati, avrete molte opzioni per creare un giardino domestico vibrante e rigoglioso, anche nelle stanze meno luminose della vostra casa.

3. Tecniche per migliorare la luce all'interno degli ambienti

La disponibilità di luce all'interno degli ambienti può essere una sfida per molte piante da interno, specialmente in spazi poco illuminati. Tuttavia, esistono diverse tecniche che è possibile utilizzare per migliorare la luce e favorire la crescita delle piante anche in queste condizioni. Ecco alcuni suggerimenti pratici:

1. **Posizionamento strategico:** Collocare le piante vicino alle finestre può aumentare l'accesso alla luce naturale. Anche se l'illuminazione diretta potrebbe non essere disponibile, la luce diffusa può essere sufficiente per molte piante da interno. Assicurarsi che le piante non siano troppo distanti dalla finestra per massimizzare l'assorbimento della luce.

2. **Utilizzo di lampade da crescita**: Le lampade da crescita a LED possono essere un ottimo complemento alla luce naturale nelle zone poco illuminate. Queste lampade emettono uno spettro luminoso simile a quello del sole e possono essere posizionate sopra le piante per fornire un'illuminazione supplementare. Scegliere lampade con un'intensità luminosa e uno spettro adatti alle esigenze delle piante coltivate.

3. **Riflettitori di luce**: Utilizzare riflettitori di luce può contribuire a massimizzare l'efficienza luminosa all'interno degli ambienti. I riflettitori possono essere posizionati intorno alle piante per deviare la luce solare o artificiale e indirizzarla verso le foglie delle piante, aumentando così l'assorbimento luminoso.

4. **Specchi e superfici riflettenti**: Posizionare specchi o superfici riflettenti dietro le piante può aiutare a riflettere la luce sulle foglie, aumentando così la quantità di luce disponibile per la fotosintesi. Questa tecnica è particolarmente utile nelle stanze con pareti scure o in ambienti con poca luce naturale.

5. **Pulizia delle finestre e delle superfici**: Mantenere pulite le finestre e le superfici intorno alle piante può aiutare a massimizzare la quantità di luce naturale che penetra negli ambienti interni. La polvere e lo sporco possono ostacolare il passaggio della luce, riducendo così l'efficienza fotosintetica delle piante.

6. **Rotazione delle piante**: Ruotare periodicamente le piante può garantire una distribuzione uniforme della luce su tutte le parti della pianta. Questa pratica aiuta a prevenire la crescita asimmetrica e favorisce lo sviluppo armonioso della pianta in condizioni di illuminazione ridotta.

Utilizzando queste tecniche, è possibile migliorare significativamente la quantità e la qualità della luce disponibile per le piante da interno anche in ambienti poco illuminati.

4. Cura specifica per piante in condizioni di scarsa luminosità

Le piante che crescono in condizioni di scarsa luminosità richiedono attenzioni particolari per prosperare al meglio. Sebbene queste piante siano adattabili a livelli di luce ridotti, necessitano comunque di cure specifiche per mantenere la loro salute e vitalità. Ecco alcuni consigli dettagliati per la cura delle piante in ambienti poco illuminati:

1. **Irrigazione adeguata**: Le piante in condizioni di scarsa luminosità tendono a utilizzare meno acqua rispetto a quelle in piena luce. È importante evitare l'eccesso di irrigazione, che può portare a marciume radicale. Verificare sempre l'umidità del terreno prima di annaffiare. Un buon metodo è inserire un dito nel terreno per controllare se è asciutto almeno fino a 2-3 cm di profondità prima di aggiungere acqua.

2. **Fertilizzazione moderata**: Le piante in ambienti poco illuminati hanno un metabolismo più lento e quindi necessitano di meno nutrienti. Utilizzare fertilizzanti liquidi diluiti una volta ogni due mesi durante la stagione di crescita (primavera e estate) e ridurre ulteriormente in autunno e inverno. Un fertilizzante equilibrato 10-10-10 o un fertilizzante specifico per piante da interno può essere una buona scelta.

3. **Pulizia delle foglie**: La polvere che si accumula sulle foglie può ridurre ulteriormente la quantità di luce che le piante ricevono. Pulire regolarmente le foglie con un panno umido o una spugna aiuta a mantenere le superfici fogliari libere da detriti, facilitando la fotosintesi. Evitare di usare lucidanti fogliari, che possono ostruire i pori delle foglie.

4. **Controllo delle infestazioni**: Le piante in condizioni di scarsa luminosità possono essere più suscettibili a infestazioni di parassiti come acari e cocciniglie. Ispezionare regolarmente le piante e intervenire prontamente in caso di infestazione. Utilizzare soluzioni naturali come sapone insetticida o olio di neem per trattare i parassiti senza danneggiare la pianta.

5. **Rotazione delle piante**: Ruotare le piante ogni settimana per assicurarsi che tutte le parti della pianta ricevano una quantità uniforme di luce. Questo aiuta a prevenire la crescita sbilanciata e favorisce uno sviluppo armonioso.

6. **Controllo della temperatura**: Le piante in condizioni di scarsa luminosità sono spesso collocate in stanze meno riscaldate. Assicurarsi che la temperatura dell'ambiente rimanga costante e non scenda sotto i 15°C. Temperature troppo basse possono rallentare ulteriormente il metabolismo delle piante e causare danni.

7. **Uso di umidificatori**: In ambienti riscaldati, l'aria può diventare molto secca, il che può stressare le piante. Utilizzare umidificatori per mantenere un livello di umidità adeguato intorno al 50-60%. In alternativa, posizionare le piante su vassoi riempiti di ciottoli e acqua per aumentare l'umidità circostante.

8. **Potatura regolare**: Rimuovere le foglie gialle o morte per prevenire l'insorgere di malattie e per mantenere l'aspetto ordinato della pianta. La potatura stimola anche la crescita di nuove foglie e può aiutare a mantenere la pianta compatta e vigorosa.

9. **Monitoraggio delle radici**: Le piante in condizioni di scarsa luminosità non necessitano di rinvasi frequenti. Tuttavia, è importante controllare periodicamente lo stato delle radici. Se le radici riempiono completamente il vaso, potrebbe essere necessario un rinvaso in un contenitore leggermente più grande con nuovo terriccio per evitare che le radici si leghino eccessivamente.

10. **Adattamento graduale alla luce**: Se si decide di spostare una pianta da un ambiente di scarsa luminosità a uno più luminoso, farlo gradualmente per evitare lo shock luminoso. Esporre la pianta alla luce intensa per periodi sempre più lunghi ogni giorno fino a quando non si adatta completamente al nuovo ambiente.

Seguendo questi accorgimenti, sarà possibile mantenere le piante da interno in condizioni di scarsa luminosità sane e rigogliose, assicurando una crescita equilibrata e duratura.

5. Monitoraggio e adattamento alle variazioni di luce

Monitorare costantemente le condizioni di luce all'interno della casa e adattare le cure delle piante di conseguenza è essenziale per garantire una crescita sana e rigogliosa. Le variazioni di luce possono influenzare significativamente il benessere delle piante da interno, e per questo motivo, è importante saper rilevare e rispondere a tali cambiamenti in modo tempestivo ed efficace. Ecco alcune tecniche dettagliate per monitorare e adattarsi alle variazioni di luce:

1. **Utilizzo di un misuratore di luce**: Un misuratore di luce, o luxmetro, può essere uno strumento utile per misurare con precisione l'intensità della luce in diversi punti della casa. Questo strumento permette di valutare se le piante ricevono abbastanza luce e di identificare le aree più illuminate e quelle più ombreggiate. È consigliabile effettuare misurazioni periodiche, specialmente durante i cambi di stagione.

2. **Osservazione delle piante**: Le piante comunicano il loro stato di salute attraverso segnali visivi. Foglie che ingialliscono, crescono sottili e allungate, o che cadono prematuramente possono indicare una mancanza di luce. D'altra parte, foglie con bruciature o scolorimenti possono indicare un eccesso di luce. Monitorare regolarmente l'aspetto delle piante e agire in base ai segnali che esse forniscono.

3. **Adattamento stagionale**: Le variazioni stagionali influenzano la quantità di luce disponibile. In inverno, le giornate più corte e il sole più basso all'orizzonte riducono l'intensità e la durata della luce naturale. Durante questi periodi, può essere necessario spostare le piante in punti più luminosi o aumentare l'uso di lampade da crescita per compensare la diminuzione della luce naturale.

4. **Regolazione delle lampade da crescita**: Le lampade da crescita possono essere regolate in base alle esigenze stagionali delle piante. Durante l'inverno, aumentare le ore di luce artificiale può aiutare a mantenere le piante sane. In estate, quando la luce naturale è abbondante, potrebbe essere necessario ridurre l'uso delle lampade per evitare eccessi di luce che potrebbero danneggiare le piante.

5. **Riorganizzazione degli spazi**: Se notate che alcune piante non ricevono abbastanza luce, considerate la possibilità di riorganizzare gli spazi interni. Spostare le piante più vicine alle finestre o utilizzare mobili e scaffali per elevare le piante e avvicinarle alle fonti di luce può fare una grande differenza. Assicuratevi che ogni pianta riceva la quantità di luce necessaria per le sue specifiche esigenze.

6. **Utilizzo di tende e persiane**: Regolare l'apertura di tende e persiane può aiutare a controllare la quantità di luce che entra in una stanza. Durante le ore di punta della luce solare, aprire completamente le tende per massimizzare la luce disponibile. In giornate molto calde, chiudere parzialmente le tende per proteggere le piante dalla luce diretta troppo intensa.

7. **Creazione di zone di transizione**: Se una pianta deve essere spostata da una zona molto ombreggiata a una zona più luminosa, farlo gradualmente per evitare lo shock. Spostare la pianta in una zona di transizione con luce moderata per alcuni giorni prima di collocarla nella nuova posizione finale. Questo aiuterà la pianta ad adattarsi meglio alle nuove condizioni di luce.

8. **Monitoraggio delle condizioni meteorologiche**: Tenere d'occhio le previsioni meteorologiche può aiutare a prepararsi per variazioni improvvise di luce. In caso di periodi prolungati di nuvolosità, potrebbe essere necessario aumentare temporaneamente l'illuminazione artificiale. In estate, durante i giorni di sole intenso, regolare la posizione delle piante per evitare bruciature.

9. **Consultazione di guide specifiche**: Ogni specie di pianta ha esigenze di luce diverse. Consultare guide specifiche o fare ricerche online per capire le necessità particolari di ciascuna pianta aiuta a fornire le cure adeguate. Conoscere le caratteristiche di ogni pianta facilita l'adattamento alle variazioni di luce in modo mirato.

10. **Feedback e adattamenti continui**: Il monitoraggio della luce e la cura delle piante devono essere processi continui. Tenere un diario delle osservazioni può aiutare a capire meglio le esigenze delle piante nel tempo e a fare aggiustamenti più informati. Prendersi il tempo per osservare e rispondere ai cambiamenti nelle condizioni di luce assicura che le piante rimangano sane e prosperose.

Implementando queste tecniche, potrete creare un ambiente ottimale per le vostre piante da interno, garantendo che ricevano la giusta quantità di luce per crescere forti e rigogliose in ogni stagione.

6. Soluzioni creative per aumentare l'illuminazione naturale

Migliorare l'illuminazione naturale in casa può essere una sfida, ma con un po' di creatività è possibile trovare soluzioni che aumentino significativamente la quantità di luce disponibile per le piante da interno. Ecco alcune tecniche dettagliate e pratiche per sfruttare al meglio la luce naturale:

1. **Utilizzo di specchi**: Gli specchi possono essere posizionati strategicamente per riflettere la luce naturale e distribuirla in tutta la stanza. Posizionare uno specchio di fronte a una finestra o vicino ad essa può raddoppiare l'effetto della luce solare. Ad esempio, collocare uno specchio dietro le piante può aumentare la luminosità, creando un ambiente più luminoso e accogliente.

2. **Superfici riflettenti**: Oltre agli specchi, utilizzare superfici riflettenti come pareti bianche o mobili lucidi può aiutare a diffondere la luce naturale. Le superfici chiare e lucide riflettono più luce rispetto a quelle scure e opache. Dipingere le pareti con colori chiari o utilizzare mobili bianchi può contribuire a migliorare l'illuminazione complessiva della stanza.

3. **Tende trasparenti**: Sostituire tende pesanti e opache con tende trasparenti o voile permette alla luce di filtrare senza ostacoli. Le tende leggere permettono alla luce di entrare pur mantenendo la privacy. Questo è particolarmente utile in stanze con finestre esposte a nord o in ambienti con poca luce naturale diretta.

4. **Finestre a tutta altezza**: Se possibile, installare finestre a tutta altezza può aumentare significativamente la quantità di luce che entra in una stanza. Queste finestre permettono alla luce di penetrare più profondamente nell'ambiente, illuminando zone che altrimenti rimarrebbero in ombra. Se le finestre a tutta altezza non sono un'opzione, considerare l'installazione di porte a vetri o lucernari.

5. **Apertura degli spazi**: Creare un layout aperto rimuovendo pareti divisorie può migliorare la distribuzione della luce naturale. Un open space consente alla luce di fluire liberamente da una stanza all'altra, illuminando aree che altrimenti sarebbero poco illuminate. Questa soluzione è particolarmente efficace in appartamenti o case con stanze piccole e buie.

6. **Uso di pareti di vetro**: Le pareti di vetro o i divisori in vetro possono sostituire le pareti solide, permettendo alla luce di passare attraverso diverse aree della casa. Questa soluzione è ideale per creare una sensazione di spazio aperto e luminoso senza sacrificare la funzionalità delle diverse zone della casa.

7. **Pulizia delle finestre**: Mantenere le finestre pulite è un metodo semplice ma efficace per aumentare la luce naturale. Polvere, sporcizia e residui sulle finestre possono ridurre significativamente la quantità di luce che entra. Pulire le finestre regolarmente assicura che la luce solare possa penetrare senza ostacoli.

8. **Aggiunta di lucernari**: Installare lucernari o cupole solari sul tetto è un ottimo modo per aumentare la luce naturale in aree centrali o stanze senza finestre. I lucernari possono illuminare gli spazi più bui della casa, creando un'atmosfera più aperta e accogliente.

9. **Posizionamento delle piante**: Disporre le piante più esigenti in termini di luce vicino alle finestre e quelle che tollerano meglio l'ombra in punti più lontani dalla fonte di luce principale. Creare una disposizione strategica delle piante può massimizzare l'esposizione alla luce naturale per tutte le piante, sfruttando al meglio la disponibilità di luce.

10. **Utilizzo di vetrate trasparenti**: Le porte interne in vetro trasparente possono aiutare a trasportare la luce naturale da una stanza all'altra. Questo è particolarmente utile per stanze interne che non hanno accesso diretto alla luce esterna. Le porte in vetro permettono alla luce di fluire liberamente, illuminando anche gli spazi più bui.

Applicando queste soluzioni creative, è possibile migliorare notevolmente la quantità e la qualità della luce naturale disponibile per le piante da interno, creando un ambiente più luminoso e accogliente per tutti.

7. Utilizzo di luci artificiali per integrare la luce naturale

Sebbene la luce naturale sia preferibile per la crescita delle piante da interno, le condizioni di illuminazione possono variare notevolmente all'interno di una casa. Pertanto, l'utilizzo di luci artificiali può essere una soluzione efficace per integrare la luce naturale e garantire che le piante ricevano la quantità di luce necessaria per prosperare. Ecco alcune strategie dettagliate per sfruttare al meglio le luci artificiali:

1. **Scelta delle lampade adatte**: Esistono diverse tipologie di lampade artificiali sul mercato, ciascuna con caratteristiche e utilizzi specifici. Le lampade al LED sono particolarmente popolari per la coltivazione indoor in quanto sono efficienti dal punto di vista energetico e emettono un ampio spettro di luce adatto alla fotosintesi delle piante. Le lampade fluorescenti compatte (CFL) sono un'alternativa economica e disponibile in varie tonalità di colore.

2. **Scegliere la giusta temperatura di colore**: La temperatura del colore della luce influisce sulle piante in modo diverso durante le diverse fasi di crescita. Le lampade con una temperatura di colore compresa tra 5000K e 6500K, che emettono una luce bianca o blu, sono ideali per la fase di crescita vegetativa delle piante. Durante la fase di fioritura, le lampade con una temperatura di colore compresa tra 2700K e 3000K, che emettono una luce più calda, sono più adatte.

3. **Posizionamento delle lampade**: Posizionare le lampade artificiali a una distanza adeguata dalle piante è fondamentale per assicurare una distribuzione uniforme della luce e prevenire bruciature o carenze luminose. Le lampade dovrebbero essere posizionate a circa 6-12 pollici di distanza dalle piante, regolando l'altezza in base alla potenza della lampada e alle esigenze specifiche delle piante coltivate.

4. **Durata dell'illuminazione**: La durata dell'illuminazione artificiale dipende dalle esigenze specifiche delle piante coltivate. In generale, le piante necessitano di almeno 12-16 ore di luce al giorno durante la fase di crescita vegetativa e di 8-12 ore di luce al giorno durante la fase di fioritura. Utilizzare un timer per programmare l'accensione e lo spegnimento delle lampade in modo da garantire una regolarità nell'illuminazione.

5. **Rotazione delle piante**: Ruotare regolarmente le piante sotto le lampade artificiali assicura che tutte le parti della pianta ricevano una quantità uniforme di luce. Questo aiuta a prevenire la crescita sbilanciata e favorisce uno sviluppo armonioso. Ruotare le piante di circa 90 gradi ogni giorno o due è sufficiente per evitare che le piante crescano verso una direzione.

6. **Controllo della temperatura delle lampade**: Alcune lampade artificiali, soprattutto le lampade al LED, possono emettere calore durante il funzionamento. Assicurarsi che le lampade siano dotate di un sistema di dissipazione del calore e posizionarle in modo tale da evitare il surriscaldamento delle piante. Monitorare regolarmente la temperatura intorno alle lampade e intervenire se necessario per prevenire danni alle piante.

7. **Integrazione con la luce naturale**: Utilizzare le lampade artificiali in modo complementare alla luce naturale per fornire alle piante una fonte continua di luce. Ad esempio, accendere le lampade artificiali durante le ore serali o in giornate nuvolose per garantire che le piante ricevano la quantità di luce necessaria anche quando la luce naturale è limitata.

8. **Monitoraggio delle prestazioni delle lampade**: Le lampade artificiali possono perdere efficacia nel tempo a causa dell'usura o dell'invecchiamento delle componenti. Monitorare regolarmente le prestazioni delle lampade e sostituire quelle vecchie o danneggiate per garantire che le piante ricevano una luce di qualità ottimale.

Integrare le luci artificiali nella coltivazione indoor può migliorare notevolmente la crescita e la salute delle piante, fornendo una fonte di luce supplementare quando la luce naturale è insufficiente. Seguire queste tecniche pratiche aiuterà a ottimizzare l'uso delle lampade artificiali per ottenere risultati ottimali.

8. Risoluzione dei problemi legati alla mancanza di luce

La mancanza di luce è uno dei problemi più comuni che i coltivatori di piante da interno possono incontrare. Quando le piante non ricevono abbastanza luce, possono manifestare una serie di sintomi, tra cui crescita rallentata, ingiallimento delle foglie, allungamento dei gambi e scarsa fioritura. Tuttavia, ci sono diverse strategie che è possibile adottare per risolvere i problemi legati alla mancanza di luce e mantenere le piante in salute. Ecco alcune tecniche dettagliate per affrontare questo problema:

1. **Identificazione delle cause**: Prima di affrontare il problema della mancanza di luce, è importante identificare le cause sottostanti. Verificare se ci sono ostacoli che bloccano l'accesso della luce naturale alle piante, come tende pesanti, mobili voluminosi o coperture di finestre. Inoltre, esaminare se ci sono cambiamenti stagionali che influenzano l'angolo o la durata della luce solare.

2. **Spostamento delle piante**: Se le piante sono collocate in un'area con poca luce, spostarle in una posizione più luminosa può risolvere il problema. Cerca di individuare le aree della casa che ricevono più luce naturale durante il giorno e posiziona le piante in quei luoghi. Assicurati che le piante siano esposte alla luce solare diretta per almeno alcune ore al giorno.

3. **Utilizzo di lampade artificiali**: Integrare lampade artificiali può compensare la mancanza di luce naturale e fornire alle piante la quantità di luce di cui hanno bisogno per crescere sani e forti. Scegli lampade con una temperatura di colore adatta alle esigenze delle piante e posizionale in modo strategico per garantire una distribuzione uniforme della luce.

4. **Aumento della durata di illuminazione**: Se le piante non ricevono abbastanza luce naturale durante il giorno, considera di aumentare la durata dell'illuminazione artificiale. Utilizza un timer per programmare l'accensione delle lampade durante le ore in cui la luce naturale è scarsa, come al mattino presto o alla sera.

5. **Pulizia delle superfici**: Mantieni pulite le superfici delle finestre e degli specchi per massimizzare la quantità di luce che entra in casa. La polvere e lo sporco possono ridurre significativamente la quantità di luce naturale che raggiunge le piante, quindi assicurati di pulire regolarmente le finestre e gli specchi.

6. **Potatura e diradamento**: Riduci la densità delle foglie e dei rami delle piante per permettere alla luce di penetrare più facilmente all'interno della chioma. Rimuovi le foglie morte o danneggiate e dirada i rami più densi per favorire una migliore circolazione dell'aria e una maggiore esposizione alla luce.

7. **Monitoraggio e regolazione**: Monitora costantemente le condizioni di luce intorno alle piante e regola di conseguenza le pratiche di cura. Prendi nota dei cambiamenti nelle condizioni di luce nel corso della giornata e apporta aggiustamenti quando necessario per assicurarti che le piante ricevano la giusta quantità di luce.

8. **Esplora soluzioni creative**: Considera soluzioni creative per aumentare la quantità di luce disponibile per le piante. Ad esempio, utilizza specchi o superfici riflettenti per amplificare la luce naturale, oppure installa lucernari o porte in vetro per portare più luce all'interno degli ambienti interni.

Affrontare la mancanza di luce richiede un approccio olistico che comprenda una combinazione di strategie per massimizzare l'illuminazione naturale e integrare la luce artificiale quando necessario. Utilizzando queste tecniche pratiche, è possibile risolvere con successo i problemi legati alla mancanza di luce e mantenere le piante in salute e vigorose.

9. Suggerimenti per mantenere la salute delle piante in ambienti poco illuminati

Quando ci si trova ad affrontare la sfida di coltivare piante in ambienti poco illuminati, è fondamentale adottare delle pratiche specifiche per garantire il benessere delle piante. Ecco alcuni suggerimenti dettagliati per mantenere la salute delle piante anche in condizioni di luce limitata:

1. **Scegliere piante adatte**: Opta per piante che si adattano bene alle condizioni di scarsa luminosità. Alcune piante da interni, come la Sansevieria, il Filodendro, il Pothos e la Dracena, sono notoriamente tolleranti alla bassa luminosità e possono prosperare anche in ambienti poco illuminati. Scegliere piante adatte al livello di luce disponibile è il primo passo per garantire il successo della coltivazione.

2. **Monitorare l'idratazione**: In ambienti poco illuminati, le piante tendono a richiedere meno acqua rispetto a quelle esposte a una luce intensa. Monitora attentamente il terreno e assicurati di non esagerare con l'irrigazione, in quanto il terreno potrebbe impiegare più tempo a asciugarsi completamente. Utilizza un dito per controllare l'umidità del terreno prima di procedere con l'irrigazione.

3. **Utilizzare contenitori traspiranti**: Scegli contenitori per le piante che consentano una buona circolazione dell'aria e una corretta traspirazione delle radici. Evita contenitori troppo grandi che potrebbero trattenere troppo l'umidità, aumentando il rischio di marciume radicale. Controlla regolarmente lo stato del terreno e assicurati che il drenaggio sia efficiente.

4. **Fornire nutrizione bilanciata**: Anche se le piante in ambienti poco illuminati possono crescere più lentamente, è comunque importante fornire loro una nutrizione equilibrata. Utilizza un fertilizzante bilanciato a bassa concentrazione e riduci la frequenza delle concimazioni rispetto alle piante esposte a una luce intensa. Segui le istruzioni sulla confezione del fertilizzante e evita sovraconcimazioni che potrebbero danneggiare le radici delle piante.

5. **Evitare il sovraffollamento**: In ambienti poco illuminati, è importante evitare il sovraffollamento delle piante. Lascia spazio sufficiente tra le piante per consentire una circolazione d'aria ottimale e per evitare la competizione per la luce. Riduci la densità delle piante e rimuovi eventuali esemplari malati o danneggiati per favorire una crescita sana e vigorosa.

6. **Ruotare le piante**: Ruota regolarmente le piante per garantire che tutte le parti ricevano una quantità uniforme di luce. Anche se l'illuminazione può essere limitata, ruotare le piante periodicamente assicura che tutte le foglie ricevano una quantità adeguata di luce e che la crescita sia uniforme. Ruota le piante di circa 90 gradi ogni settimana per garantire una crescita armoniosa.

7. **Pulire le foglie**: Mantieni pulite le foglie delle piante per massimizzare l'assorbimento della luce disponibile. Spolvera regolarmente le foglie con un panno umido per rimuovere la polvere e altri detriti che potrebbero ostacolare la fotosintesi. Le foglie pulite assorbono meglio la luce e favoriscono una crescita sana e vigorosa.

8. **Monitorare la temperatura e l'umidità**: Le condizioni ambientali come la temperatura e l'umidità possono influenzare la crescita delle piante in ambienti poco illuminati. Mantieni la temperatura intorno alle piante costante e controlla regolarmente l'umidità relativa dell'aria. Evita sbalzi di temperatura e assicurati che l'umidità non diventi eccessivamente elevata, in quanto potrebbe favorire lo sviluppo di muffe e malattie.

Adottando questi suggerimenti pratici, è possibile mantenere la salute delle piante anche in ambienti poco illuminati e assicurare una crescita robusta e vigorosa nel lungo termine.

10. Pianificazione e rotazione delle piante in base alla luminosità disponibile

La pianificazione e la rotazione delle piante in base alla luminosità disponibile sono pratiche fondamentali per garantire che le piante ricevano la quantità ottimale di luce necessaria per la loro crescita e sviluppo. Questo approccio strategico consente di massimizzare l'utilizzo della luce naturale e artificiale e di evitare problemi legati alla mancanza o all'eccesso di illuminazione. Ecco alcuni passaggi dettagliati per pianificare e ruotare le piante in modo efficace:

1. **Valutare la luminosità disponibile**: Prima di pianificare la disposizione delle piante, valuta attentamente la luminosità disponibile in diverse aree della casa. Identifica le zone che ricevono la maggior quantità di luce naturale durante il giorno e quelle più adatte per l'installazione di luci artificiali, se necessario. Misura anche l'intensità e la durata della luce solare in diverse parti della casa durante diverse ore del giorno.

2. **Classificare le piante in base alle esigenze luminose**: Le diverse specie di piante hanno esigenze diverse per quanto riguarda la quantità e la qualità della luce. Classifica le piante in base alle loro esigenze luminose, distinguendo tra piante ad alta, media e bassa luminosità. Questo ti aiuterà a pianificare la disposizione delle piante in modo efficace, posizionando quelle con esigenze simili vicine tra loro.

3. **Assegnare le piante alle posizioni appropriate**: Utilizzando le informazioni raccolte sulla luminosità disponibile e sulle esigenze luminose delle piante, pianifica la disposizione delle piante in modo da posizionare quelle che richiedono più luce nelle aree più luminose della casa e quelle che tollerano meglio la scarsa luminosità in zone più ombreggiate.

4. **Ruotare le piante regolarmente**: Per garantire che tutte le piante ricevano una quantità uniforme di luce, ruota regolarmente le piante in base alle loro esigenze luminose e alla disponibilità di luce nelle diverse aree della casa. Ruota le piante di 90 gradi o sposta le piante dalle zone più luminose a quelle più ombreggiate ogni settimana o due.

5. **Monitorare e adattare**: Monitora costantemente le prestazioni delle piante e adatta la pianificazione e la rotazione in base alle loro esigenze specifiche e alle condizioni di luce cambianti. Prendi nota dei cambiamenti nella crescita e nell'aspetto delle piante e apporta le necessarie regolazioni per ottimizzare la loro esposizione alla luce.

6. **Considerare la stagionalità**: Le condizioni di luce possono variare notevolmente durante diverse stagioni dell'anno a causa dei cambiamenti nell'angolo del sole e nella durata del giorno. Prendi in considerazione queste variazioni stagionali nella pianificazione e nella rotazione delle piante, adattando di conseguenza la loro disposizione per massimizzare l'assorbimento della luce.

7. **Esplorare soluzioni creative**: In alcuni casi, potrebbe essere necessario adottare soluzioni creative per garantire che tutte le piante ricevano una quantità sufficiente di luce. Ad esempio, utilizza supporti regolabili per sollevare le piante più vicino alle finestre o installa scaffali o supporti per le piante vicino alle finestre per aumentare lo spazio disponibile per la coltivazione.

Pianificare e ruotare le piante in base alla luminosità disponibile è una pratica fondamentale per garantire una crescita sana e vigorosa delle piante da interno. Seguendo questi passaggi dettagliati, è possibile ottimizzare l'utilizzo della luce e promuovere il successo della coltivazione anche in ambienti poco illuminati.

III. Piante da Interno per Ambienti con Luce Moderata o Intensa

1. Identificare le piante adatte a luce moderata o intensa

Quando si sceglie quali piante coltivare in ambienti interni, è essenziale considerare le esigenze di luce delle diverse specie vegetali. Alcune piante prosperano in condizioni di luce moderata, mentre altre richiedono una luce più intensa per crescere sani e vigorosi. Identificare le piante adatte a luce moderata o intensa è il primo passo per garantire il successo della coltivazione in casa. Ecco una guida dettagliata per riconoscere le piante adatte a questi diversi livelli di luminosità:

1. **Piante adatte a luce moderata**: Le piante che preferiscono la luce moderata sono in grado di prosperare in zone della casa dove la luce solare diretta è limitata o parzialmente filtrata. Queste piante possono essere collocate in stanze con finestre rivolte a nord o in aree ombreggiate della casa. Alcuni esempi di piante adatte a luce moderata includono il Pothos, la Dracaena, la Maranta, la Calathea e la Philodendron. Queste piante sono adatte per essere collocate in uffici con finestre non troppo grandi o in stanze con finestre orientate verso nord.

2. **Piante adatte a luce intensa**: Le piante che richiedono una luce intensa sono ideali per ambienti con una forte illuminazione naturale, come le finestre rivolte a sud o le aree della casa con molta luce solare diretta. Queste piante tendono ad avere foglie spesse e carnose che possono tollerare l'esposizione diretta alla luce del sole senza bruciarsi. Alcuni esempi di piante adatte a luce intensa includono il Cactus, l'Agave, l'Aloe Vera, la Yucca e la Haworthia. Queste piante sono ideali per essere collocate in stanze luminose come verande o terrazze.

3. **Valutare le condizioni ambientali**: Oltre alla luminosità, è importante valutare anche altri fattori ambientali come la temperatura, l'umidità e la circolazione dell'aria quando si selezionano le piante per gli ambienti interni. Assicurati che le piante scelte siano adatte alle condizioni specifiche della tua casa e che siano in grado di prosperare in quel particolare ambiente.

4. **Considerare le esigenze specifiche delle piante**: Ogni pianta ha esigenze specifiche per quanto riguarda la luce, l'acqua, il terreno e la temperatura. Prima di selezionare le piante da coltivare, prendi in considerazione le loro esigenze individuali e assicurati di essere in grado di fornire loro le condizioni ottimali per una crescita sana e vigorosa.

Identificare le piante adatte a luce moderata o intensa è fondamentale per garantire il successo della coltivazione delle piante da interno. Prenditi il tempo necessario per valutare le esigenze delle diverse specie vegetali e selezionare quelle che si adattano meglio alle condizioni luminose della tua casa.

2. Scelta delle piante in base alla disponibilità di luce

Quando si selezionano le piante da coltivare in casa, è essenziale considerare attentamente la disponibilità di luce nelle diverse aree dell'ambiente domestico. Ogni pianta ha esigenze specifiche di luce e scegliere quelle che si adattano meglio alla luminosità disponibile è fondamentale per garantire una crescita sana e vigorosa. In Italia, dove le condizioni climatiche possono variare notevolmente da regione a regione, ci sono diverse piante che sono particolarmente apprezzate per la loro adattabilità agli ambienti interni. Ecco alcuni esempi pratici di piante adatte alla coltivazione in base alla disponibilità di luce:

1. **Sansevieria (Sansevieria trifasciata)**: Conosciuta anche come "Lingua di suocera", la Sansevieria è una pianta apprezzata per la sua robustezza e la sua capacità di sopravvivere in condizioni di luce scarsa. È ideale per essere collocata in ambienti interni con poca luce, come corridoi o stanze con poche finestre. La Sansevieria richiede solo una luce indiretta e può sopportare anche lunghi periodi di oscurità.

2. **Zamioculcas (Zamioculcas zamiifolia)**: La Zamioculcas, nota anche come "Pianta del dollaro" o "Zanzibar Gem", è un'altra scelta eccellente per gli ambienti interni con poca luce. Questa pianta tropicale originaria dell'Africa è apprezzata per le sue foglie lucide e robuste e la sua capacità di sopravvivere in condizioni di scarsa luminosità. È perfetta per essere collocata in angoli bui o stanze con poche finestre.

3. **Dracena (Dracaena spp.)**: Le diverse varietà di Dracena sono molto popolari in Italia per la loro bellezza e la loro adattabilità agli ambienti interni. Queste piante possono tollerare una varietà di condizioni luminose, ma preferiscono la luce indiretta o parzialmente filtrata. Sono perfette per essere collocate in stanze luminose con finestre orientate a nord o est, dove ricevono una luce moderata.

4. **Felce Nido d'uccello (Asplenium nidus)**: Questa pianta da interno dalle foglie larghe e verdi è ampiamente apprezzata in Italia per il suo aspetto decorativo e la sua capacità di adattarsi a una varietà di condizioni luminose. La Felce Nido d'uccello cresce bene sia in ambienti con luce moderata che intensa e può essere collocata in diverse zone della casa, come salotti, camere da letto o uffici.

5. **Filodendro (Philodendron spp.)**: Conosciuto per le sue foglie verde scuro e il suo aspetto elegante, il Filodendro è una delle piante da interno più amate in Italia. Questa pianta tropicale è adatta a una varietà di condizioni luminose e può prosperare sia in ambienti con poca luce che in quelli più luminosi. È perfetta per essere collocata in stanze con finestre orientate a nord o ovest.

6. **Pothos (Epipremnum aureum)**: Conosciuto anche come "Pianta del denaro" o "Pianta di pothos", il Pothos è una pianta rampicante popolare per la sua facilità di coltivazione e la sua capacità di adattarsi a una varietà di condizioni luminose. È perfetto per essere collocato in ambienti con poca luce, come uffici o bagni, dove aggiunge un tocco di verde senza richiedere molta manutenzione.

7. **Spathiphyllum (Spathiphyllum spp.)**: Comunemente conosciuto come "Bella di notte" o "Fiore della pace", lo Spathiphyllum è una pianta da interno apprezzata per le sue foglie lucenti e i suoi fiori bianchi. Questa pianta ama le zone con luce indiretta e può prosperare anche in ambienti con poca luminosità. È perfetta per essere collocata in stanze con finestre rivolte a nord o in ambienti con luce filtrata.

8. **Alocasia (Alocasia spp.)**: Le varietà di Alocasia, conosciute anche come "Orecchie d'elefante", sono piante ornamentali con foglie larghe e vistose. Queste piante preferiscono una luce indiretta e possono prosperare in ambienti con poca luce, come stanze con finestre rivolte a nord o ovest. Sono perfette per aggiungere un tocco esotico agli interni.

9. **Tradescantia (Tradescantia spp.)**: Questa pianta rampicante, conosciuta anche come "Erba miseria" o "Erba di vetro", è apprezzata per i suoi fusti rampicanti e le foglie colorate. La Tradescantia è adatta a una varietà di condizioni luminose, ma prospera meglio in ambienti con luce indiretta o parzialmente ombreggiata. È ideale per essere collocata in ambienti con luce diffusa.

10. **Peperomia (Peperomia spp.)**: Le varietà di Peperomia sono piante da interno molto popolari per le loro foglie succulente e la loro resistenza. Queste piante sono adatte a una varietà di condizioni luminose, ma preferiscono la luce indiretta o parzialmente ombreggiata. Sono perfette per essere collocate in stanze con finestre orientate a nord o est.

Scegliere le piante giuste in base alla disponibilità di luce è fondamentale per garantire una crescita sana e vigorosa delle piante da interno. Con una selezione oculata delle piante e una corretta cura, è possibile creare un ambiente domestico rigoglioso e verde, anche nelle zone con poca illuminazione naturale

3. Ottimizzazione della posizione delle piante rispetto alla luce

Posizionare le piante in modo ottimale rispetto alla luce disponibile è fondamentale per garantire una crescita sana e vigorosa. In Italia, dove le condizioni di luce possono variare notevolmente da regione a regione, è importante adottare alcune strategie pratiche per massimizzare l'assorbimento della luce da parte delle piante. Ecco alcuni consigli pratici per ottimizzare la posizione delle piante rispetto alla luce:

1. **Orientamento delle finestre**: Valuta l'orientamento delle finestre nelle diverse stanze della casa e identifica quelle che ricevono la maggior quantità di luce naturale durante il giorno. Le finestre orientate a sud tendono a ricevere più luce solare diretta, mentre quelle orientate a nord ricevono una luce più diffusa e indiretta. Utilizza queste informazioni per pianificare la disposizione delle piante, posizionando quelle che richiedono più luce vicino alle finestre orientate a sud e quelle che preferiscono luce moderata o diffusa in stanze con finestre a nord.

2. **Utilizzo di riflettori**: In ambienti con poca luce naturale, come stanze con poche finestre o ambienti interni senza accesso diretto alla luce solare, considera l'utilizzo di riflettori per aumentare la quantità di luce disponibile per le piante. I riflettori possono essere posizionati strategicamente per riflettere e diffondere la luce naturale proveniente dalle finestre, aiutando così le piante a ricevere una maggiore illuminazione.

3. **Ruotazione delle piante**: Ruota regolarmente le piante in modo che tutte le parti ricevano una quantità uniforme di luce. Questo è particolarmente importante nelle stanze con una sola finestra o in ambienti con una luce naturale limitata. Ruota le piante di 90 gradi ogni settimana o due, in modo che tutte le parti della pianta ricevano una quantità uniforme di luce e possano crescere in modo uniforme e equilibrato.

4. **Spostamento delle piante**: Monitora attentamente le prestazioni delle piante e spostale se necessario per garantire che ricevano la quantità ottimale di luce. Se una pianta mostra segni di crescita lenta o ingiallimento delle foglie, potrebbe essere necessario spostarla in un'area con una maggiore illuminazione naturale o integrare la luce con l'illuminazione artificiale.

5. **Considerazione delle variazioni stagionali**: Le condizioni di luce possono variare notevolmente durante diverse stagioni dell'anno a causa dei cambiamenti nell'angolo del sole e nella durata del giorno. Prendi in considerazione queste variazioni stagionali nella disposizione delle piante, adattando di conseguenza la loro posizione per massimizzare l'assorbimento della luce durante tutto l'anno.

Ottimizzare la posizione delle piante rispetto alla luce è essenziale per garantire una crescita sana e vigorosa delle piante da interno. Seguendo questi consigli pratici e adattando la posizione delle piante alle condizioni specifiche della tua casa, puoi creare un ambiente domestico rigoglioso e verde, anche nelle zone con poca luce naturale.

4. Monitoraggio e gestione dell'esposizione alla luce diretta

Il monitoraggio e la gestione dell'esposizione alla luce diretta sono cruciali per mantenere la salute delle piante da interno, specialmente in Italia dove il clima può variare considerevolmente da regione a regione. Sebbene molte piante possano beneficiare della luce solare diretta, un'eccessiva esposizione può portare a danni alle foglie, scottature e disidratazione. Ecco alcuni consigli pratici per monitorare e gestire l'esposizione alla luce diretta:

1. *Conoscere le esigenze specifiche delle piante**: Ogni pianta ha esigenze diverse per quanto riguarda l'esposizione alla luce. Alcune piante, come i cactus e le succulente, amano la luce solare diretta e possono prosperare in ambienti molto luminosi. Altre piante, come le felci e molte piante tropicali, preferiscono luce indiretta o ombra parziale. È importante conoscere le esigenze specifiche delle piante che si coltivano e posizionarle di conseguenza.

2. **Monitorare la posizione del sole**: Osserva attentamente come la luce del sole si sposta durante il giorno nelle diverse stanze della casa. Questo ti aiuterà a identificare le aree che ricevono luce diretta e quelle che sono più ombreggiate. Utilizza tende o tende da sole per regolare l'esposizione alla luce solare diretta, specialmente nelle ore più calde della giornata quando il sole è più forte.

3. **Utilizzare schermature o filtri**: Se le piante sono esposte a una luce solare diretta troppo intensa, considera l'utilizzo di schermature o filtri per ridurre l'intensità della luce. Schermature come tende traslucide, tende da sole regolabili o schermi solari possono aiutare a proteggere le piante dai danni causati dalla luce solare diretta eccessiva.

4. **Ruotare le piante**: Ruota regolarmente le piante per garantire che tutte le parti ricevano una quantità uniforme di luce. Questo è particolarmente importante per le piante collocate vicino a finestre o fonti di luce diretta. Ruotare le piante di 90 gradi ogni settimana o due aiuterà a promuovere una crescita uniforme e eviterà che alcune parti della pianta ricevano troppa luce diretta.

5. **Monitorare i segni di danni da sole**: Osserva attentamente le foglie delle piante per individuare segni di danni da sole, come scottature, ingiallimento o appassimento. Se noti questi segni, sposta immediatamente la pianta in un'area con una minore esposizione alla luce diretta e fornisci un'adeguata irrigazione per aiutare la pianta a riprendersi.

Monitorare attentamente l'esposizione alla luce diretta e prendere misure preventive per proteggere le piante dai danni solari è essenziale per mantenere la loro salute e vitalità nel lungo termine.

5. Cura specifica per piante in condizioni di luce moderata o intensa

Le piante che prosperano in condizioni di luce moderata o intensa richiedono cure specifiche per garantire la loro salute e vitalità. In Italia, dove le condizioni di luce possono variare notevolmente da regione a regione, è importante adottare pratiche di cura mirate per queste piante. Ecco alcuni consigli pratici per la cura delle piante in condizioni di luce moderata o intensa:

1. **Irrigazione adeguata**: Le piante che ricevono una luce moderata o intensa tendono ad evaporare l'acqua più rapidamente, quindi è importante mantenere il terreno costantemente umido senza lasciarlo asciugare completamente tra un'irrigazione e l'altra. Monitora attentamente l'umidità del terreno e irriga quando la superficie inizia ad asciugarsi leggermente.

2. **Fertilizzazione regolare**: Le piante che crescono in condizioni di luce moderata o intensa hanno un fabbisogno maggiore di nutrienti per sostenere una crescita vigorosa. Applica un fertilizzante bilanciato una volta al mese durante la stagione di crescita per fornire alle piante i nutrienti necessari per prosperare. Assicurati di diluire il fertilizzante secondo le istruzioni sulla confezione per evitare il rischio di bruciature delle radici.

3. **Monitoraggio delle temperature**: Le piante che crescono in condizioni di luce intensa possono essere più sensibili alle temperature elevate, specialmente durante i mesi estivi. Assicurati che le piante siano collocate in un'area ben ventilata e evita l'esposizione diretta ai raggi del sole nelle ore più calde della giornata. Se necessario, utilizza tende o schermature per proteggere le piante dalle temperature eccessive.

4. **Potatura regolare**: Effettua una potatura regolare per rimuovere le foglie e i rami morti o danneggiati e favorire una crescita più compatta e vigorosa. La potatura aiuta anche a promuovere la circolazione dell'aria intorno alle piante, riducendo il rischio di malattie fungine e mantenendo una forma attraente.

5. **Controllo dei parassiti e delle malattie**: Monitora attentamente le piante per individuare segni di infestazioni da parassiti o malattie e adotta misure preventive o curative tempestive. Utilizza insetticidi naturali o altri rimedi casalinghi per combattere parassiti comuni come afidi o ragnetti rossi, e rimuovi immediatamente le parti infette o malate delle piante per prevenire la diffusione delle malattie.

Seguendo queste pratiche di cura specifiche, è possibile mantenere le piante in condizioni di luce moderata o intensa in salute e vigorose nel tempo.

6. Utilizzo di tende e schermature per regolare la luce solare

Le tende e le schermature sono strumenti preziosi per regolare l'esposizione alla luce solare e proteggere le piante dall'eccesso di luminosità o dai raggi diretti del sole. In Italia, dove le giornate estive possono essere particolarmente calde e luminose, l'utilizzo di tende e schermature è essenziale per mantenere un ambiente ottimale per la crescita delle piante. Ecco come utilizzare queste soluzioni in modo efficace:

1. **Tende regolabili**: Le tende regolabili consentono di modificare facilmente l'esposizione alla luce solare durante il giorno. Durante le ore più calde e luminose, abbassa le tende per ridurre l'intensità della luce diretta e proteggere le piante dai danni solari. Al tramonto o in condizioni di luce più moderate, alza le tende per consentire alle piante di beneficiare della luce naturale.

2. **Tende traslucide**: Le tende traslucide sono ideali per diffondere la luce solare in modo uniforme senza ridurre eccessivamente l'intensità luminosa. Queste tende offrono una protezione ottimale contro i raggi UV dannosi e consentono alle piante di ricevere una luce diffusa e gradevole per una crescita sana e vigorosa.

3. **Schermi solari esterni**: Se le piante sono esposte a una luce solare eccessiva o a temperature elevate, considera l'installazione di schermi solari esterni per ridurre l'irraggiamento diretto del sole. Questi schermi possono essere posizionati sopra le finestre o sulle terrazze per fornire un'ombra aggiuntiva e proteggere le piante dalle condizioni climatiche avverse.

4. **Schermature interne**: Le schermature interne, come i pannelli oscuranti o i tendaggi termici, possono essere utilizzate per bloccare completamente la luce solare quando necessario, ad esempio durante le ore più calde del giorno o durante i periodi di riposo notturno delle piante. Assicurati di regolare le schermature in modo appropriato per evitare un'eccessiva oscurità che potrebbe influenzare negativamente la crescita delle piante.

5. **Monitoraggio costante**: Monitora costantemente le condizioni di luce all'interno della tua casa e regola le tende e le schermature di conseguenza per garantire che le piante ricevano la quantità ottimale di luce per la loro crescita. Osserva attentamente le piante per individuare segni di danni solari o carenze luminose e apporta le modifiche necessarie per proteggerle e favorirne la salute.

Utilizzando in modo efficace tende e schermature, è possibile regolare con precisione l'esposizione alla luce solare e creare un ambiente ottimale per la crescita delle piante da interno in Italia.

7. Tecniche per prevenire danni da luce eccessiva

La luce solare intensa può essere benefica per molte piante da interno, ma un'esposizione eccessiva può causare danni alle foglie, scottature e problemi di crescita. In Italia, dove le giornate estive possono essere particolarmente luminose, è essenziale adottare tecniche preventive per proteggere le piante dai danni causati dalla luce solare eccessiva. Ecco alcune tecniche pratiche per prevenire danni da luce eccessiva:

1. **Posizionamento ombreggiato**: Posiziona le piante in aree ombreggiate della casa durante le ore più calde del giorno, specialmente durante l'estate. Utilizza tende, schermi solari o altri elementi di ombreggiatura per ridurre l'intensità della luce solare diretta e proteggere le piante dai danni causati dalla luce eccessiva.

2. **Rotazione delle piante**: Ruota regolarmente le piante per garantire che tutte le parti ricevano una quantità uniforme di luce solare. In questo modo, eviterai che alcune parti della pianta ricevano una luce eccessiva mentre altre rimangono in ombra. La rotazione regolare aiuta anche a promuovere una crescita uniforme e una distribuzione equa della luce.

3. **Utilizzo di schermature**: Utilizza schermature come tende traslucide o schermi solari per diffondere la luce solare in modo uniforme e ridurre l'intensità della luce diretta. Queste schermature offrono una protezione efficace contro i raggi UV dannosi e consentono alle piante di ricevere una luce diffusa e gradevole.

4. **Irrigazione adeguata**: Mantieni il terreno costantemente umido per ridurre il rischio di disidratazione dovuta all'esposizione eccessiva alla luce solare. Le piante possono perdere rapidamente acqua attraverso l'evaporazione in condizioni di luce intensa, quindi assicurati di irrigare regolarmente e fornire un'umidità adeguata.

5. **Monitoraggio costante**: Monitora attentamente le condizioni delle piante per individuare segni di danni da luce eccessiva, come scottature sulle foglie o ingiallimento. Se noti questi segni, sposta immediatamente le piante in un'area più ombreggiata e adotta misure preventive per proteggerle dai danni futuri.

Adottando queste tecniche preventive, è possibile proteggere le piante dai danni causati dalla luce solare eccessiva e mantenere la loro salute e vitalità nel lungo termine.

8. Benefici dell'esposizione alla luce diretta per alcune piante

Mentre alcune piante possono soffrire dei danni causati dalla luce solare diretta, molte specie ornamentali traggono enormi benefici dall'esposizione adeguata alla luce diretta del sole anche all'interno delle nostre abitazioni. Ecco alcuni esempi pratici di piante ornamentali da interno che prosperano con l'esposizione alla luce diretta:

1. **Ficus elastica (Ficus elastica)**: Comunemente conosciuto come albero della gomma, il Ficus elastica è una pianta ornamentale popolare ampiamente coltivata all'interno delle abitazioni. Apprezza una posizione luminosa e può essere posizionato vicino a una finestra soleggiata per una crescita vigorosa e foglie lucide.

2. **Dracena (Dracaena spp.)**: Le piante di Dracena sono note per la loro bellezza ornamentale e la facilità di coltivazione all'interno. Posizionala in un'area ben illuminata, come accanto a una finestra, per favorire una crescita sana e fogliame rigoglioso.

3. **Dieffenbachia (Dieffenbachia spp.)**: Conosciuta anche come "pianta della felicità", la Dieffenbachia è una pianta ornamentale da interno apprezzata per le sue foglie grandi e variegate. Posizionala in un luogo luminoso ma protetto dalla luce solare diretta per evitare scottature sulle foglie.

4. **Pothos (Epipremnum aureum)**: Il Pothos è una pianta rampicante molto resistente e decorativa, perfetta per gli interni. Apprezza una luce solare indiretta ma può tollerare anche luce diretta moderata. Posiziona il Pothos in luoghi ben illuminati per favorire una crescita rigogliosa e rampicante.

5. **Spatifillo (Spathiphyllum spp.)**: Comunemente chiamato "fiore della pace", lo Spatifillo è una pianta da fiore ornamentale con foglie lucenti e fiori bianchi eleganti. Posizionala in un luogo luminoso ma protetto dalla luce solare diretta per favorire una fioritura abbondante.

6. **Sansevieria (Sansevieria spp.)**: Conosciuta anche come "lingua della suocera", la Sansevieria è una pianta da interno resistente e facile da curare. Apprezza la luce solare diretta e può essere posizionata in ambienti luminosi per una crescita sana e fogliame decorativo.

7. **Calathea (Calathea spp.)**: Le Calathee sono piante ornamentali apprezzate per i loro fogliami vivaci e decorativi. Posiziona la Calathea in un'area ben illuminata ma protetta dalla luce solare diretta per mantenere il colore e la vitalità delle foglie.

8. **Alocasia (Alocasia spp.)**: Conosciuta anche come "orecchie d'elefante", l'Alocasia è una pianta ornamentale con foglie grandi e appariscenti. Apprezza una posizione luminosa ma indiretta, lontano dalla luce solare diretta, per evitare danni alle foglie.

9. **Philodendron (Philodendron spp.)**: I Philodendron sono piante rampicanti molto popolari per gli interni, ampiamente coltivate per il loro fogliame decorativo. Posizionali in ambienti ben illuminati ma protetti dalla luce diretta per favorire una crescita sana e rampicante.

10. **Anthurium (Anthurium spp.)**: Comunemente chiamato "fiore di Flamingo", l'Anthurium è una pianta ornamentale con fiori vivaci e fogliame lucente. Posizionala in un'area luminosa ma protetta dalla luce solare diretta per promuovere una fioritura prolungata e un fogliame sano.

Queste piante ornamentali da interno possono arricchire gli spazi domestici con la loro bellezza e freschezza, prosperando con una buona esposizione alla luce diretta all'interno delle nostre abitazioni.

9. Consigli per la corretta esposizione alla luce durante il cambio di stagione

Durante il cambio di stagione, è importante adattare l'esposizione alla luce delle piante da interno per garantire la loro salute e vitalità. In Italia, dove le condizioni climatiche possono variare notevolmente da una stagione all'altra, è fondamentale fornire alle piante la giusta quantità di luce per mantenere la loro crescita ottimale. Ecco alcuni consigli pratici per gestire l'esposizione alla luce durante il cambio di stagione:

1. **Monitora la luce solare**: Durante il cambio di stagione, le giornate diventano più brevi e la quantità di luce solare disponibile può diminuire. Monitora attentamente la quantità di luce solare che ricevono le tue piante da interno e adatta di conseguenza la loro posizione per garantire una quantità ottimale di luce.

2. **Ruota le piante**: Se le tue piante da interno sono posizionate in una finestra esposta al sole, considera di ruotarle regolarmente per garantire che tutti i lati ricevano una quantità uniforme di luce. In questo modo, eviterai che alcune parti delle piante diventino troppo legnose o scure a causa di una luce solare diretta eccessiva su un solo lato.

3. **Utilizza tende regolabili**: Se le tue piante sono esposte a una luce solare diretta intensa durante il cambio di stagione, considera l'opzione di utilizzare tende regolabili o veneziane per filtrare la luce solare e proteggere le piante dall'eccessiva esposizione al sole.

4. **Supplementa con luci artificiali**: Se le giornate diventano particolarmente brevi durante il cambio di stagione e le tue piante non ricevono abbastanza luce solare, puoi integrare la loro esposizione alla luce utilizzando luci artificiali a spettro completo. Posiziona le luci artificiali sopra le piante per garantire che ricevano la giusta quantità di luce per mantenere una crescita sana.

5. **Osserva le reazioni delle piante**: Monitora attentamente le tue piante durante il cambio di stagione e osserva eventuali segni di stress legati all'esposizione alla luce, come foglie ingiallite o scolorite. Se noti che una pianta sta reagendo negativamente alla sua esposizione alla luce, adatta immediatamente la sua posizione o la quantità di luce che riceve.

6. **Proteggi le piante durante le giornate più calde**: Durante il cambio di stagione, le giornate possono diventare imprevedibili, con improvvisi picchi di temperatura e luce solare intensa. Proteggi le tue piante durante le giornate più calde posizionandole in luoghi ombreggiati o fornendo loro riparo temporaneo con ombrelloni o tende leggere.

Adattando attentamente l'esposizione alla luce delle tue piante da interno durante il cambio di stagione, potrai assicurare loro un ambiente ottimale per prosperare e crescere in salute durante tutto l'anno.

10. Trucchi per mantenere la vitalità delle piante in ambienti con luce moderata o intensa

Anche in ambienti con luce moderata o intensa, è possibile adottare alcuni trucchi per garantire che le piante da interno mantengano la loro vitalità e prosperino. In Italia, dove le condizioni di luce possono variare notevolmente da un ambiente all'altro, è importante adattare le pratiche di cura delle piante per ottimizzare la loro crescita. Ecco alcuni trucchi pratici da tenere a mente:

1. **Scelta delle piante adatte**: Per ambienti con luce moderata o intensa, è importante selezionare piante che prosperino in queste condizioni. Ad esempio, le piante come la Sansevieria, il Pothos e la Dracena sono adatte a condizioni di luce moderata, mentre piante come la Dieffenbachia, il Ficus elastica e la Calathea apprezzano una luce intensa ma filtrata.

2. **Fornire una corretta esposizione**: Posiziona le piante in luoghi dove possono ricevere la quantità ottimale di luce moderata o intensa. Per le piante che preferiscono la luce moderata, posizionalle in ambienti con finestre orientate a nord o in posizioni più ombreggiate all'interno della casa. Per le piante che richiedono luce intensa, posizionalle vicino a finestre esposte a sud o ovest, ma assicurati che siano protette dalla luce solare diretta nelle ore più calde della giornata.

3. **Monitoraggio dell'umidità**: In ambienti con luce intensa, l'umidità dell'aria può diminuire più rapidamente, il che potrebbe influenzare la salute delle piante. Assicurati di mantenere un livello adeguato di umidità intorno alle piante, ad esempio posizionando un umidificatore vicino alle piante o utilizzando vassoi con ciottoli e acqua per aumentare l'umidità ambientale.

4. **Irrigazione regolare**: Le piante in ambienti con luce intensa possono richiedere una maggiore quantità di acqua per compensare l'evaporazione più rapida. Monitora attentamente il terreno e assicurati di irrigare le piante regolarmente, evitando sia l'eccesso che la carenza di acqua.

5. **Fertilizzazione adeguata**: Le piante in ambienti con luce moderata o intensa possono beneficiare di una fertilizzazione regolare per garantire una crescita sana e vigorosa. Utilizza un fertilizzante bilanciato diluito e applicalo secondo le istruzioni sulla confezione.

6. **Rimuovere foglie morte o danneggiate**: Controlla regolarmente le piante per individuare eventuali foglie morte o danneggiate e rimuovile prontamente. Questo aiuterà a mantenere le piante pulite e sane e promuoverà una crescita rigogliosa.

Con questi semplici trucchi e pratiche di cura, potrai mantenere la vitalità delle tue piante anche in ambienti con luce moderata o intensa, garantendo che rimangano belle e rigogliose nel corso del tempo.

IV. Cure Speciali per Piante da Interno Comuni

1. Piante aromatiche: basilico, menta, rosmarino

Le piante aromatiche come il basilico, la menta e il rosmarino
sono una preziosa aggiunta a qualsiasi giardino domestico in
Italia, grazie al loro delizioso aroma e alle molteplici possibilità
di utilizzo in cucina. Coltivarle in casa non solo offre accesso a
erbe fresche tutto l'anno, ma permette anche di godere dei
benefici terapeutici dei loro profumi. Vediamo quindi come
coltivare e curare queste tre piante aromatiche in appartamento:

Basilico (Ocimum basilicum):

Il basilico è una pianta amata in tutta Italia per il suo aroma
fresco e pungente, perfetto per insalate, pasta, pizza e pesto. Per
coltivarlo in casa, assicurati di fornire a questa pianta erbea
abbondante luce solare diretta per almeno 6-8 ore al giorno.
Posiziona il vaso vicino a una finestra esposta a sud o ovest per
garantire una buona esposizione alla luce. Il basilico richiede
anche un terreno ben drenato e annaffiature regolari, evitando
però di inzuppare eccessivamente il terreno.

Menta (Mentha spp.):

La menta è una pianta robusta e vigorosa, nota per il suo aroma fresco e rinfrescante. Può essere utilizzata per preparare tisane, cocktail, dessert e piatti salati. Coltiva la menta in un vaso largo e poco profondo, poiché ha un sistema radicale tendenzialmente superficiale. Assicurati di posizionarla in un'area con luce solare indiretta o parziale, poiché la menta preferisce evitare il pieno sole. Mantieni il terreno costantemente umido, ma non troppo bagnato, e pota regolarmente per promuovere la crescita rigogliosa.

Rosmarino (Rosmarinus officinalis):

Il rosmarino è un arbusto sempreverde con un aroma pungente e resinoso, ideale per aromatizzare carne, pesce, patate e piatti a base di verdure. È noto anche per le sue proprietà benefiche per la salute. Il rosmarino richiede molta luce solare diretta, quindi posizionalo in una finestra esposta a sud o ovest. Assicurati che il terreno sia ben drenato e lascia asciugare leggermente il terreno tra un'annaffiatura e l'altra, poiché il rosmarino non ama avere i piedi costantemente bagnati.

Coltivare basilico, menta e rosmarino in casa è un modo gratificante per arricchire la tua cucina con erbe aromatiche fresche e deliziose. Seguendo queste semplici linee guida di coltivazione e cura, sarai presto in grado di raccogliere e utilizzare le tue erbe aromatiche per insaporire i tuoi piatti preferiti.

2. Piante fiorite: orchidee, violette africane, begonie

Le piante fiorite, come orchidee, violette africane e begonie,
portano un tocco di colore e bellezza all'interno degli spazi
domestici italiani. Con le loro vivaci fioriture, queste piante
aggiungono un'atmosfera gioiosa e accogliente alle case.
Vediamo come coltivare e curare queste tre affascinanti piante
fiorite:

Orchidee (Orchidaceae):

Le orchidee sono rinomate per la loro bellezza esotica e la
varietà di colori e forme dei loro fiori. Per coltivarle con
successo in casa, è essenziale fornire loro le giuste condizioni
di luce, temperatura e umidità. Posiziona le orchidee in un
luogo luminoso ma senza luce solare diretta, come vicino a una
finestra orientata a est o a ovest. Assicurati che il terreno sia
ben drenato e usa un substrato specifico per orchidee. Annaffia
con moderazione, evitando di lasciare il terreno costantemente
bagnato.

Violette africane (Saintpaulia spp.):

Le violette africane sono piante fiorite molto popolari grazie
alle loro splendide fioriture e alla facilità di coltivazione.
Possono prosperare in condizioni di luce moderata e
preferiscono temperature costanti e umidità elevata. Posiziona
le violette africane in un luogo luminoso ma indiretto, evitando
il pieno sole. Mantieni il terreno umido ma non inzuppato,
annaffiando con moderazione alla base delle piante per evitare
di bagnare le foglie.

Begonie (Begonia spp.):

Le begonie sono piante fiorite versatili e decorative, disponibili in una vasta gamma di colori e forme. Sono adatte a condizioni di luce moderata e preferiscono temperature stabili e umidità elevata. Posiziona le begonie in un luogo con luce solare indiretta o parziale, come vicino a una finestra orientata a nord o a est. Mantieni il terreno umido ma non bagnato, evitando l'eccesso di acqua che potrebbe causare marciume delle radici.

Coltivare orchidee, violette africane e begonie in casa è un modo meraviglioso per aggiungere un tocco di colore e vitalità ai tuoi spazi abitativi. Seguendo queste semplici linee guida di coltivazione e cura, potrai godere delle loro splendide fioriture per lungo tempo.

3. Piante da frutto: limone, arancio, avocado

Le piante da frutto, come limoni, arance e avocado, non solo offrono frutti deliziosi, ma aggiungono anche un tocco di freschezza e vitalità agli interni delle case italiane. Coltivare queste piante in appartamento può essere gratificante, ma richiede cure specifiche per garantire una crescita sana e una produzione di frutta soddisfacente. Ecco come coltivare e curare limoni, arance e avocado in casa:

Limoni (Citrus limon):

I limoni sono ampiamente apprezzati in Italia per il loro sapore fresco e aromatico, ideale per piatti dolci e salati, bevande e salse. Coltivare limoni in casa richiede luce solare diretta per almeno 6-8 ore al giorno. Posiziona il limone vicino a una finestra esposta a sud per garantire una buona esposizione alla luce. Assicurati che il terreno sia ben drenato e annaffia regolarmente, mantenendo il terreno umido ma non inzuppato.

Arance (Citrus sinensis):

Le arance sono ricche di vitamina C e hanno un sapore dolce e succoso che le rende perfette per spremute e spuntini freschi. Posiziona le piante di arance in un luogo luminoso con luce solare diretta, come vicino a una finestra orientata a sud. Assicurati che il terreno sia ben drenato e annaffia regolarmente, evitando di lasciare il terreno asciutto per lunghi periodi.

Avocado (Persea americana):

Gli avocado sono ricchi di grassi salutari e sono utilizzati in molte ricette italiane, come guacamole e insalate. Coltivare avocado in casa richiede molta luce solare diretta, quindi posiziona la pianta vicino a una finestra esposta a sud o ovest. Assicurati che il terreno sia ben drenato e annaffia regolarmente, mantenendo il terreno umido ma non bagnato.

Coltivare limoni, arance e avocado in casa può portare soddisfazione e frutta fresca direttamente dalla tua cucina. Seguendo queste semplici linee guida di coltivazione e cura, potrai godere dei frutti delle tue piante da frutto anche in appartamento.

4. Piante succulente e cactacee: aloe vera, cactus di Natale, echeveria

Le piante succulente e le cactacee sono una scelta popolare per la coltivazione in appartamento in Italia, grazie alla loro capacità di conservare acqua e alla loro resistenza alle condizioni ambientali interne. Tra le varie specie, l'aloe vera, il cactus di Natale e l'echeveria sono particolarmente ammirati per la loro bellezza e versatilità. Vediamo come coltivare e curare queste affascinanti piante:

Aloe Vera (Aloe barbadensis miller):

L'aloe vera è nota per le sue proprietà curative e per le sue foglie succulente, ricche di gel dalle molteplici applicazioni. Coltivare l'aloe vera in casa è relativamente semplice: richiede una luce solare intensa, quindi posiziona la pianta vicino a una finestra esposta a sud. Assicurati che il terreno sia ben drenato e lascia asciugare il terreno tra un'annaffiatura e l'altra per evitare il ristagno idrico.

Cactus di Natale (Schlumbergera spp.):

Il cactus di Natale è apprezzato per i suoi fiori vistosi e la sua capacità di fiorire durante la stagione invernale. Questa pianta richiede luce solare indiretta o luminosità diffusa, quindi posizionala vicino a una finestra orientata a est o a ovest. Assicurati che il terreno sia ben drenato e annaffia moderatamente durante la fioritura, riducendo l'irrigazione durante il periodo di riposo.

Echeveria (Echeveria spp.):

Le echeverie sono piante succulente apprezzate per le loro foglie carnose e le loro fioriture eleganti. Posiziona le echeverie in un luogo luminoso con luce solare indiretta, come vicino a una finestra orientata a sud. Utilizza un terreno poroso e ben drenato e annaffia solo quando il terreno è completamente asciutto, evitando di bagnare eccessivamente le radici.

Coltivare piante succulente e cactacee come l'aloe vera, il cactus di Natale e l'echeveria può portare un tocco di esotismo e bellezza alle tue stanze. Seguendo queste semplici linee guida di coltivazione e cura, potrai godere delle loro forme uniche e dei loro colori accattivanti per lungo tempo.

5. Piante rampicanti: pothos, filodendro, edera

Le piante rampicanti sono una scelta popolare per gli appartamenti italiani, aggiungendo un tocco di verde e vivacità agli interni e creando un'atmosfera accogliente e rilassante. Tra le varie specie, il pothos, il filodendro e l'edera sono particolarmente apprezzati per la loro bellezza e la loro capacità di adattarsi a una varietà di condizioni ambientali. Ecco come coltivare e curare queste affascinanti piante rampicanti:

Pothos (Epipremnum aureum):

Il pothos è ampiamente apprezzato per le sue foglie a forma di cuore e la sua capacità di crescere vigorosamente anche in condizioni di luce moderata. Coltivare il pothos in casa è semplice: posizionalo in un luogo con luce solare indiretta o luminosità diffusa, come vicino a una finestra orientata a nord. Utilizza un terreno ben drenato e annaffia moderatamente, lasciando asciugare il terreno tra un'annaffiatura e l'altra.

Filodendro (Philodendron spp.):

I filodendri sono conosciuti per le loro foglie lucenti e la loro resistenza alle condizioni interne. Posiziona il filodendro in un luogo luminoso con luce solare indiretta, come vicino a una finestra orientata a nord o a est. Utilizza un terreno umido e ben drenato e annaffia regolarmente, mantenendo il terreno costantemente umido ma non inzuppato.

Edera (Hedera spp.):

L'edera è apprezzata per i suoi piccoli e affascinanti fogliame, perfetto per creare un aspetto elegante e naturale negli interni. Posiziona l'edera in un luogo luminoso con luce solare indiretta, come vicino a una finestra orientata a est o a ovest. Utilizza un terreno ben drenato e annaffia regolarmente, mantenendo il terreno umido ma non bagnato.

Coltivare piante rampicanti come il pothos, il filodendro e l'edera può aggiungere un tocco di fascino e vivacità alla tua casa. Seguendo queste semplici linee guida di coltivazione e cura, potrai godere della bellezza delle loro foglie e della loro elegante crescita rampicante.

6. Piante tropicali: palme, bromeliacee, dracene

Le piante tropicali portano un po' di paradiso nelle nostre case, con le loro foglie esotiche e la loro bellezza vibrante. In Italia, le palme, le bromeliacee e le dracene sono tra le scelte più popolari per aggiungere un tocco di esotismo agli interni. Vediamo come coltivare e curare queste affascinanti piante tropicali:

Palme (Arecaceae):

Le palme sono ampiamente apprezzate per la loro eleganza e la loro capacità di creare un'atmosfera tropicale all'interno di casa. Posiziona le palme in un luogo luminoso con luce solare indiretta, come vicino a una finestra orientata a sud o a ovest. Utilizza un terreno ricco di humus e ben drenato e annaffia regolarmente, mantenendo il terreno costantemente umido ma non inzuppato.

Bromeliacee (Bromeliaceae):

Le bromeliacee sono conosciute per le loro foglie colorate e i loro fiori spettacolari, che aggiungono un tocco di vivacità agli interni. Posiziona le bromeliacee in un luogo luminoso con luce solare indiretta, come vicino a una finestra orientata a est o a ovest. Utilizza un terreno ben drenato e annaffia regolarmente, mantenendo l'acqua nel calice centrale delle foglie.

Dracene (Dracaena spp.):

Le dracene sono apprezzate per il loro fogliame lussureggiante e la loro resistenza alle condizioni interne. Posiziona le dracene in un luogo luminoso con luce solare indiretta, come vicino a una finestra orientata a nord o a est. Utilizza un terreno ben drenato e annaffia moderatamente, lasciando asciugare il terreno tra un'annaffiatura e l'altra.

Coltivare piante tropicali come le palme, le bromeliacee e le dracene può trasformare la tua casa in un'oasi tropicale. Seguendo queste semplici linee guida di coltivazione e cura, potrai godere della bellezza e della vivacità delle piante tropicali all'interno della tua casa.

7. Piante grasse: pianta serpente, crassula, kalanchoe

Le piante grasse, con la loro capacità di conservare acqua nelle foglie e nei fusti, sono perfette per chi desidera aggiungere un tocco di natura senza richiedere troppa manutenzione. Tra le varie opzioni, la pianta serpente, la crassula e il kalanchoe sono tra le più apprezzate in Italia. Vediamo come coltivare e curare queste affascinanti piante grasse:

Pianta Serpente (Sansevieria spp.):

La pianta serpente, con le sue foglie lunghe e appuntite, è nota per la sua resistenza e la sua capacità di sopravvivere anche nelle condizioni più avverse. Posiziona la pianta serpente in un luogo luminoso con luce solare indiretta e lascia asciugare il terreno tra un'annaffiatura e l'altra. Questa pianta non richiede molta acqua e può tollerare periodi di siccità.

Crassula:

Le crassule sono piante grasse caratterizzate da foglie succulente e fiori dai colori vivaci. Posiziona le crassule in un luogo luminoso con luce solare diretta o indiretta e annaffiale moderatamente, lasciando asciugare il terreno tra un'annaffiatura e l'altra. Assicurati che il terreno sia ben drenato per evitare ristagni d'acqua.

Kalanchoe:

Il kalanchoe è ampiamente apprezzato per i suoi fiori luminosi e la sua facilità di coltivazione. Posiziona il kalanchoe in un luogo luminoso con luce solare diretta o indiretta e annaffialo moderatamente, lasciando asciugare il terreno tra un'annaffiatura e l'altra. Evita di bagnare eccessivamente le foglie per prevenire il marciume radicale.

Le piante grasse come la pianta serpente, la crassula e il kalanchoe sono scelte ideali per coloro che cercano piante decorative e a bassa manutenzione. Seguendo queste semplici linee guida di coltivazione e cura, potrai godere della bellezza e della robustezza delle piante grasse all'interno della tua casa.

8. Piante da foglia: ficus elastica, sansevieria, dieffenbachia

Le piante da foglia sono un'aggiunta elegante e raffinata a qualsiasi ambiente interno, portando con sé non solo bellezza estetica ma anche benefici per la qualità dell'aria. Tra le piante da foglia più amate in Italia troviamo il ficus elastica, la sansevieria e la dieffenbachia. Ecco come coltivarle e curarle al meglio:

Ficus Elastica (Ficus elastica):

Il ficus elastica, comunemente conosciuto come albero della gomma, è noto per le sue foglie lucide e coriacee che conferiscono un tocco di eleganza a qualsiasi ambiente. Posiziona il ficus elastica in un luogo luminoso con luce solare indiretta e annaffialo regolarmente durante i mesi più caldi, mantenendo il terreno umido ma non troppo bagnato. Durante l'inverno, riduci le annaffiature, lasciando asciugare il terreno tra un'annaffiatura e l'altra.

Sansevieria (Sansevieria spp.):

La sansevieria, o pianta serpente, è nota per la sua resistenza e la sua capacità di sopravvivere anche in condizioni di scarsa luce e scarsa manutenzione. Posiziona la sansevieria in un luogo luminoso con luce solare indiretta e annaffiala moderatamente, lasciando asciugare il terreno tra un'annaffiatura e l'altra. Questa pianta è particolarmente adatta per chi cerca una pianta da interno facile da curare.

Dieffenbachia (Dieffenbachia spp.):

La dieffenbachia, con le sue foglie grandi e variegate, è un'altra scelta popolare per gli interni. Posiziona la dieffenbachia in un luogo luminoso con luce solare indiretta e annaffiala regolarmente, mantenendo il terreno umido ma non troppo bagnato. Assicurati di evitare l'esposizione diretta alla luce solare intensa, che potrebbe bruciare le foglie.

Le piante da foglia come il ficus elastica, la sansevieria e la dieffenbachia aggiungono un tocco di verde e freschezza agli interni, migliorando al contempo la qualità dell'aria. Seguendo queste semplici linee guida di coltivazione e cura, potrai godere a lungo della bellezza di queste affascinanti piante da interno.

9. Piante purificatrici dell'aria: pianta ragno, crisantemo, felce di Boston

Le piante purificatrici dell'aria sono una scelta eccellente per migliorare la qualità dell'aria all'interno degli ambienti domestici. Tra le varie piante purificatrici dell'aria, tre particolarmente apprezzate in Italia sono la pianta ragno, il crisantemo e la felce di Boston. Ecco come coltivarle e curarle al meglio:

Pianta Ragno (Chlorophytum comosum):

La pianta ragno è conosciuta per la sua capacità di filtrare le sostanze nocive presenti nell'aria, rendendola ideale per gli ambienti domestici. Posiziona la pianta ragno in un luogo luminoso con luce solare indiretta e annaffiala regolarmente, mantenendo il terreno umido ma non troppo bagnato. La pianta ragno è resistente e facile da curare, rendendola una scelta popolare per gli interni.

Crisantemo (Chrysanthemum spp.):

I crisantemi non solo aggiungono un tocco di colore agli interni, ma sono anche eccellenti purificatori dell'aria, in grado di rimuovere sostanze come benzene e ammoniaca. Posiziona il crisantemo in un luogo luminoso con luce solare diretta e annaffialo regolarmente, mantenendo il terreno umido. Rimuovi i fiori appassiti per promuovere una fioritura continua e una migliore purificazione dell'aria.

Felce di Boston (Nephrolepis exaltata):

La felce di Boston è nota per le sue foglie frondose e ricadenti, oltre che per la sua capacità di assorbire inquinanti come il formaldeide dall'aria circostante. Posiziona la felce di Boston in un luogo con luce indiretta e annaffiala regolarmente, mantenendo il terreno costantemente umido ma non acquitrinoso. Spruzza periodicamente le foglie con acqua per aumentare l'umidità ambientale e prevenire l'accumulo di polvere.

Le piante purificatrici dell'aria come la pianta ragno, il crisantemo e la felce di Boston non solo aggiungono bellezza agli interni, ma contribuiscono anche a creare un ambiente più sano e confortevole. Seguendo queste semplici linee guida di coltivazione e cura, potrai godere dei benefici di una migliore qualità dell'aria all'interno della tua casa.

10. Piante per la cucina: prezzemolo, timo, salvia

Le piante aromatiche sono un'aggiunta essenziale per ogni cucina, aggiungendo non solo sapore ma anche freschezza ai piatti preparati. Tra le piante più amate e utilizzate in Italia ci sono il prezzemolo, il timo e la salvia. Ecco come coltivarle e mantenerle al loro meglio all'interno degli ambienti domestici:

Prezzemolo (Petroselinum crispum):

Il prezzemolo è una pianta erbacea aromatica ampiamente utilizzata nella cucina italiana per arricchire piatti di carne, pesce, insalate e salse. Coltiva il prezzemolo in vasi profondi e posizionalo in un luogo luminoso con luce solare indiretta. Annaffialo regolarmente, mantenendo il terreno umido ma evitando ristagni d'acqua. Taglia le foglie più grandi per stimolare la crescita e per un raccolto continuo.

Timo (Thymus vulgaris):

Il timo è una pianta aromatica dalle foglie piccole e profumate, utilizzata per insaporire una vasta gamma di piatti, dalle zuppe alle carni alle verdure. Coltiva il timo in vasi ben drenati e posizionalo in un luogo soleggiato con almeno 6 ore di luce diretta al giorno. Annaffialo moderatamente, lasciando asciugare leggermente il terreno tra un'annaffiatura e l'altra. Potare regolarmente per promuovere una crescita compatta e una migliore ramificazione.

Salvia (Salvia officinalis):

La salvia è una pianta aromatica con foglie grigio-verdi utilizzate per insaporire piatti di carne, pesce, pasta e zuppe. Coltiva la salvia in vasi ben drenati e posizionala in un luogo soleggiato con luce solare diretta per almeno 6 ore al giorno. Annaffiala moderatamente, evitando l'eccesso d'acqua che potrebbe causare marciume radicale. Potare regolarmente per promuovere una crescita compatta e per mantenere la pianta vigorosa.

Coltivare queste piante aromatiche in cucina non solo arricchirà i tuoi piatti con sapori freschi e intensi, ma offrirà anche la comodità di averle sempre a portata di mano durante la preparazione dei pasti.

V. Tecniche Avanzate di Coltivazione e Manutenzione

1. Concetti avanzati di potatura per promuovere la crescita e la forma desiderata

La potatura è una pratica fondamentale per mantenere la salute e la forma delle piante, sia all'interno che all'esterno. In questo capitolo esploreremo concetti avanzati di potatura che ti permetteranno di modellare le tue piante in base alle tue preferenze estetiche e di promuovere una crescita più vigorosa e equilibrata.

Promuovere la crescita e la ramificazione:

Una delle principali ragioni per potare è promuovere la crescita e la ramificazione delle piante. Tagliare le punte dei germogli attiva i nodi dormienti lungo il fusto, incoraggiando la crescita di nuovi rami laterali. Questo porta a piante più folte e compatte, ideali per piante come la rosa, l'ibisco e il gelsomino, ampiamente coltivate in Italia per la loro bellezza e il loro profumo.

Controllo della dimensione e della forma:

La potatura può anche essere utilizzata per controllare la dimensione e la forma delle piante, mantenendole in un formato compatto o incoraggiando una crescita più verticale o a cascata. Ad esempio, potare le piante rampicanti come il pothos e l'edera può aiutare a mantenerle più fitte e a evitare che diventino troppo lunghe e disordinate, mentre la potatura selettiva delle piante arbustive come la lavanda può incoraggiare una forma più densa e uniforme.

Rimozione delle parti danneggiate o malate:

La potatura è anche fondamentale per rimuovere eventuali parti danneggiate, malate o morte della pianta. Questo non solo migliora l'aspetto complessivo della pianta, ma impedisce anche la diffusione di malattie e parassiti. Ad esempio, tagliare le foglie malate dell'aglio ornamentale o le parti infette della felce di Boston può aiutare a mantenere la pianta sana e vitale nel lungo periodo.

Esplorando questi concetti avanzati di potatura, sarai in grado di gestire in modo più efficace la crescita e la forma delle tue piante, garantendo loro salute e vitalità nel tempo.

2. Propagazione avanzata: tecniche di innesto e marcotteria

La propagazione delle piante è un'abilità preziosa per gli appassionati di giardinaggio, e le tecniche di innesto e marcotteria rappresentano metodi avanzati per replicare esattamente le caratteristiche desiderate di una pianta madre. Queste tecniche consentono di produrre nuove piante con le stesse qualità genetiche della pianta madre, garantendo così una riproduzione fedele delle caratteristiche desiderate.

Innesto:

L'innesto è una tecnica sofisticata utilizzata per unire due parti di piante diverse, consentendo loro di crescere insieme come una sola pianta. Questa pratica è particolarmente comune in Italia, soprattutto nella coltivazione degli alberi da frutto come il melo, il pero e l'ulivo.

L'innesto coinvolge due parti principali: il portainnesto e l'innesto. Il portainnesto è la pianta ospite sulla quale viene praticato l'innesto, mentre l'innesto è il ramo o il germoglio prelevato dalla pianta madre e trapiantato sul portainnesto. Per eseguire l'innesto, si pratica un taglio a V o a cuneo sul portainnesto e sull'innesto, in modo che possano combaciare perfettamente. Una volta che le due parti sono unite, vengono legate e coperte con materiale protettivo per favorire la cicatrizzazione e il successo dell'operazione. L'innesto consente di combinare le migliori qualità di entrambe le piante, migliorando la resistenza alle malattie, aumentando la produttività e controllando la dimensione della pianta.

Marcotteria:

La marcotteria è una tecnica di propagazione che coinvolge la creazione di radici su un ramo o un germoglio ancora attaccato alla pianta madre. Questo ramo, chiamato marza, viene inciso e trattato con una sostanza radicante per stimolare la crescita delle radici. Una volta che le radici si sono sviluppate, il marza può essere tagliato e trapiantato come una pianta indipendente.

La marcotteria è un metodo efficace per la propagazione di piante come la rosa e l'azalea. Per eseguire la marcotteria, viene individuato un ramo giovane e flessibile sulla pianta madre. Questo ramo viene inciso con un taglio profondo e trattato con un ormone radicante per stimolare la formazione delle radici. Successivamente, il ramo viene avvolto con un substrato umido e coperto con un materiale traspirante per mantenere l'umidità e favorire lo sviluppo delle radici. Una volta che le radici sono sufficientemente sviluppate, il ramo può essere tagliato dalla pianta madre e trapiantato in un nuovo vaso.

Applicazione pratica:

Ad esempio, se desideri propagare un ibisco ornamentale apprezzato in Italia per la sua bellezza floreale, potresti utilizzare la tecnica dell'innesto per mantenere le caratteristiche specifiche della varietà desiderata. Allo stesso modo, se vuoi ottenere una nuova pianta di fico dalle foglie accattivanti, potresti optare per la marcotteria per garantire il successo della propagazione.

Mentre queste tecniche richiedono un po' più di esperienza e abilità rispetto ai metodi di propagazione più semplici, offrono un controllo preciso sulla riproduzione delle piante e la possibilità di creare nuove piante con caratteristiche specifiche.

3. Controllo degli insetti e delle malattie mediante metodi biologici

Quando si tratta di mantenere le piante sane e prosperose, il controllo degli insetti e delle malattie è essenziale. Tuttavia, anziché affidarsi a prodotti chimici aggressivi che possono danneggiare l'ambiente e la salute umana, molti giardinieri in Italia stanno adottando approcci biologici per gestire questi problemi in modo sostenibile.

Metodi biologici per il controllo degli insetti:

Per combattere gli insetti nocivi in modo naturale, è possibile utilizzare diversi metodi biologici. Ad esempio, l'impiego di insetti predatori, come coccinelle e mantidi religiose, può essere estremamente efficace nel mantenere sotto controllo le popolazioni di afidi e altri insetti dannosi. Questi insetti predatori si nutrono degli insetti nocivi, riducendo così la necessità di pesticidi chimici.

Inoltre, l'uso di piante repellenti può contribuire a proteggere le altre piante nel giardino. Piante come la lavanda, la calendula e il basilico emettono odori che respingono gli insetti dannosi, riducendo così la probabilità di infestazioni.

Metodi biologici per il controllo delle malattie:

Anche per il controllo delle malattie, esistono approcci biologici efficaci. Ad esempio, la rotazione delle colture e la pratica della coltivazione associata possono contribuire a prevenire la diffusione delle malattie nel giardino. Inoltre, l'uso di compost di alta qualità e di fertilizzanti organici può migliorare la resistenza delle piante alle malattie, rafforzando il loro sistema immunitario.

In alcuni casi, è possibile utilizzare anche soluzioni biologiche a base di batteri benefici e funghi che combattono specifiche malattie delle piante senza danneggiare l'ambiente circostante.

Applicazione pratica:

Ad esempio, se le tue piante da interno sono infestate da afidi, potresti introdurre delle coccinelle nel tuo ambiente domestico per combattere naturalmente questa infestazione. Oppure, se noti segni di muffa sulle foglie delle tue piante, potresti applicare un fungicida biologico a base di bacillus subtilis per combattere il problema in modo naturale.

In definitiva, l'adozione di metodi biologici per il controllo degli insetti e delle malattie non solo aiuta a proteggere l'ambiente e la salute umana, ma può anche promuovere la salute a lungo termine delle piante stesse.

4. Utilizzo di fertilizzanti personalizzati per le esigenze specifiche delle piante

La nutrizione è cruciale per il benessere delle piante ornamentali da interno, e un modo efficace per garantire una crescita sana è utilizzare fertilizzanti personalizzati in base alle esigenze specifiche di ciascuna pianta.

Comprensione delle esigenze nutrizionali delle piante:

Prima di applicare qualsiasi fertilizzante, è essenziale comprendere le esigenze nutrizionali delle piante che si coltivano. Ad esempio, alcune piante come i ficus elastici potrebbero richiedere un fertilizzante equilibrato per promuovere una crescita uniforme e foglie lucide, mentre altre come le sansevierie potrebbero trarre beneficio da fertilizzanti a lenta cessione, poiché preferiscono un apporto costante di nutrienti.

Tipi di fertilizzanti personalizzati:

Esistono diversi tipi di fertilizzanti personalizzati disponibili sul mercato. Ad esempio, per le piante che preferiscono terreni acidi come le azalee, si potrebbe optare per un fertilizzante specifico per piante acidofile. Altre piante, come le felci di Boston, potrebbero richiedere un fertilizzante liquido diluito applicato regolarmente durante la stagione di crescita per sostenere la loro lussureggiante vegetazione.

Applicazione pratica:

Ad esempio, se si possiedono piante come le orchidee, si potrebbe utilizzare un fertilizzante specifico per orchidee che contenga un rapporto equilibrato di nutrienti per sostenere la fioritura prolungata e una crescita robusta delle radici. Al contrario, per le piante grasse come le crassule, si potrebbe optare per un fertilizzante a basso contenuto di azoto e ad alto contenuto di potassio, per promuovere una fioritura vibrante e una maggiore resistenza alle malattie.

Monitoraggio e aggiustamenti:

È importante monitorare attentamente la risposta delle piante all'uso del fertilizzante e apportare eventuali aggiustamenti in base alle loro esigenze. Un eccesso o un deficit di nutrienti potrebbero manifestarsi attraverso segni come foglie gialle, ingiallimento dei margini delle foglie o scarsa fioritura.

In conclusione, l'utilizzo di fertilizzanti personalizzati può contribuire significativamente al benessere e alla vitalità delle piante ornamentali da interno, garantendo una crescita rigogliosa e una fioritura spettacolare.

5. Tecniche di potatura per favorire la fioritura e la fruttificazione

La potatura è una pratica essenziale per promuovere la fioritura abbondante e la fruttificazione nelle piante ornamentali da interno. Imparare le tecniche corrette di potatura può fare la differenza tra piante rigogliose e piante che faticano a produrre fiori o frutti.

1. Identificare i rami da potare:

Prima di iniziare la potatura, è fondamentale identificare i rami che devono essere potati. I rami morti, malati o danneggiati devono essere rimossi completamente. Inoltre, è possibile potare i rami più lunghi o strascicanti per mantenere una forma compatta e favorire la crescita dei nuovi germogli.

2. Potatura di mantenimento:

La potatura di mantenimento è una pratica regolare che aiuta a mantenere la forma e la dimensione desiderata della pianta. Ad esempio, per le piante fiorite come le orchidee, è consigliabile rimuovere i fiori appassiti e i gambi floreali per stimolare la produzione di nuovi fiori. Allo stesso modo, per le piante da frutto come gli agrumi, è importante potare i rami vecchi e non produttivi per favorire la formazione di nuovi rami fruttiferi.

3. Potatura di riforma:

La potatura di riforma è una tecnica più invasiva utilizzata per ridare forma e vitalità a piante più vecchie o trascurate. Ad esempio, per le rose, è possibile eseguire una potatura di riforma severa eliminando i rami vecchi e legnosi per incoraggiare la crescita di nuovi steli vigorosi e una fioritura più abbondante.

4. Potatura di sfoltimento:

La potatura di sfoltimento consiste nel rimuovere i rami o i germogli in eccesso per favorire una distribuzione uniforme della luce e dei nutrienti. Questa tecnica è particolarmente importante per le piante rampicanti come il filodendro, dove la rimozione dei rami più deboli o sovrapposti può migliorare la circolazione dell'aria e prevenire l'accumulo di umidità che potrebbe favorire lo sviluppo di malattie fungine.

5. Momento della potatura:

Il momento migliore per eseguire la potatura dipende dalla pianta specifica e dal suo ciclo di crescita. In generale, la potatura dovrebbe essere effettuata durante la stagione di riposo della pianta o poco dopo la fioritura per minimizzare lo stress e massimizzare la capacità di risposta della pianta.

6. Strumenti adeguati:

Utilizzare sempre strumenti affilati e sterilizzati per evitare danni alla pianta e la diffusione di malattie. Forbici da potatura pulite e ben affilate assicureranno tagli netti e precisi, riducendo al minimo il rischio di danni ai tessuti della pianta.

Seguendo attentamente queste tecniche di potatura, è possibile promuovere una fioritura e una fruttificazione abbondanti nelle piante ornamentali da interno, garantendo loro salute e vitalità nel lungo termine.

6. Sistemi di sostegno per piante rampicanti e arrampicanti

Le piante rampicanti e arrampicanti possono aggiungere un tocco di verde e bellezza agli spazi interni, ma per farlo in modo ottimale, spesso hanno bisogno di un supporto adeguato. I sistemi di sostegno giocano un ruolo fondamentale nel garantire che queste piante crescano in modo sano e ordinato, consentendo loro di arrampicarsi e svilupparsi correttamente.

1. Griglie e reti:

Le griglie e le reti sono sistemi di sostegno molto versatili e facili da installare. Possono essere fissati alle pareti o ai pali e offrono una superficie su cui le piante possono avvolgersi e arrampicarsi. Questi supporti sono particolarmente adatti per piante come l'edera, che necessitano di una superficie da afferrare per arrampicarsi.

2. Trepiedi e obelischi:

I trepiedi e gli obelischi sono strutture verticali che forniscono un supporto robusto per le piante rampicanti. Possono essere posizionati direttamente nel terreno del vaso o del contenitore e sono ideali per piante come i filodendri che tendono a crescere verso l'alto. Questi supporti possono anche essere decorativi, aggiungendo un elemento estetico al design degli interni.

3. Bastoncini e pali:

I bastoncini e i pali sono supporti più semplici e flessibili che possono essere inseriti direttamente nel terreno del vaso. Sono adatti per piante più piccole o giovani che hanno bisogno di essere incoraggiate a crescere in una direzione specifica. Possono essere utilizzati anche per supportare steli deboli o pesanti, mantenendo la pianta in posizione verticale.

4. Gabbie per piante:

Le gabbie per piante sono strutture a forma di cilindro o cubo che forniscono un supporto uniforme e protetto per le piante rampicanti. Sono particolarmente utili per piante come i pomodori o i peperoni che producono frutti pesanti. Le gabbie evitano che i rami si spezzino sotto il peso dei frutti e consentono loro di crescere in modo organizzato.

5. Cordicelle e fili:

Le cordicelle e i fili sono opzioni di supporto più discrete e flessibili che possono essere utilizzate per guidare la crescita delle piante lungo una superficie verticale, come una parete o una griglia. Possono essere legati a supporti fissi come chiodi o ganci e offrono un'ampia gamma di possibilità di modellatura per adattarsi alle esigenze specifiche della pianta.

Utilizzando i giusti sistemi di sostegno, è possibile garantire
che le piante rampicanti e arrampicanti crescano in modo sano
e armonioso negli ambienti interni, aggiungendo bellezza e
vivacità agli spazi abitativi.

7. Creazione di microclimi per piante esigenti

Alcune piante, per prosperare al meglio, richiedono condizioni
specifiche che possono essere difficili da replicare negli
ambienti interni. Tuttavia, è possibile creare dei microclimi,
ossia piccoli ambienti controllati, per soddisfare le esigenze di
queste piante più esigenti. Ecco alcune tecniche pratiche per
creare microclimi adatti a piante particolarmente sensibili:

1. Nebulizzazione:

La nebulizzazione consiste nell'ottenere una leggera spruzzata
d'acqua intorno alla pianta per aumentare l'umidità dell'aria
circostante. Questa tecnica è particolarmente utile per piante
tropicali come le orchidee, che richiedono un'umidità elevata
per crescere e fiorire. L'utilizzo di un umidificatore o di una
nebulizzatore manuale può aiutare a mantenere un microclima
ideale.

2. Sottovasi con argilla espansa:

Posizionare il vaso della pianta su un sottovaso riempito con
argilla espansa, che trattiene l'umidità e crea un ambiente più
umido intorno alla pianta. Questo è particolarmente utile per
piante come le felci, che amano un terreno costantemente
umido e beneficiano di un microclima più fresco e umido.

3. Barriere protettive:

Utilizzare barriere protettive, come schermi o pannelli
riflettenti, per proteggere le piante sensibili da correnti d'aria
eccessive o da sbalzi di temperatura. Questo è particolarmente
importante per piante delicate come le begonie, che possono
soffrire di danni se esposte a correnti d'aria troppo forti.

4. Tende termiche:

Le tende termiche possono essere utilizzate per creare un microclima più caldo intorno alle piante durante i mesi più freddi dell'anno. Questa tecnica è utile per piante esotiche come i cactus di Natale, che richiedono temperature più elevate per crescere e fiorire.

5. Illuminazione supplementare:

Fornire illuminazione supplementare con lampade a LED può aiutare a creare un microclima adatto a piante che necessitano di una quantità specifica di luce per prosperare. Ad esempio, le piante carnivore come le drosera possono beneficiare di una maggiore illuminazione per aumentare la fotosintesi e la crescita.

Creare microclimi personalizzati per le piante più esigenti può richiedere un po' di sperimentazione e attenzione, ma può fare la differenza nel garantire la salute e la vitalità delle piante all'interno degli ambienti domestici.

8. Introduzione alla coltivazione idroponica e aeroponica per piante da interno

La coltivazione idroponica e aeroponica è un campo in rapida espansione nell'ambito del giardinaggio indoor, offrendo un approccio innovativo e altamente efficiente alla cura delle piante ornamentali. Queste tecniche rivoluzionarie consentono di coltivare una vasta gamma di piante da interno in ambienti controllati, senza l'uso del terreno tradizionale. Vediamo in dettaglio come funzionano e quali piante ornamentali possono beneficiare maggiormente di queste metodologie avanzate:

Coltivazione idroponica:

La coltivazione idroponica coinvolge la crescita delle piante in una soluzione nutritiva liquida, fornendo loro tutti i nutrienti necessari direttamente attraverso l'acqua. Questo metodo offre numerosi vantaggi per le piante ornamentali da interno, garantendo un approvvigionamento costante di nutrienti essenziali e consentendo una crescita più veloce e vigorosa. Ad esempio, piante come il filodendro e il pothos, ampiamente apprezzate per la loro bellezza e resistenza, possono prosperare in sistemi idroponici, beneficiando di una crescita più rapida e abbondante.

Coltivazione aeroponica:

La coltivazione aeroponica coinvolge la crescita delle piante con le radici sospese in aria e nebulizzate con una soluzione nutritiva. Questo metodo promuove una crescita ottimale delle piante ornamentali da interno, consentendo alle radici di assorbire ossigeno direttamente dall'aria e garantendo un accesso più efficiente ai nutrienti. Piante come le orchidee e le bromeliacee, apprezzate per la loro bellezza esotica e la varietà di colori, possono beneficiare della coltivazione aeroponica, che favorisce una migliore fioritura e un mantenimento della salute delle piante.

Entrambe queste tecniche offrono un'eccellente soluzione per la coltivazione delle piante ornamentali da interno, consentendo agli appassionati di giardinaggio di godere della bellezza delle piante in ambienti interni senza le limitazioni del terreno tradizionale.

9. Utilizzo di sistemi di automazione per il monitoraggio e la gestione delle piante

Nel mondo moderno, la tecnologia ha reso possibile il monitoraggio e la gestione delle piante ornamentali da interno in modo più efficiente ed efficace attraverso l'uso di sistemi di automazione avanzati. Questi sistemi offrono agli appassionati di giardinaggio la possibilità di creare un ambiente ottimale per le loro piante, garantendo condizioni ideali di crescita e cura. Vediamo come funzionano e quali piante possono beneficiare di queste soluzioni innovative:

Sensori di umidità del suolo:

I sensori di umidità del suolo sono dispositivi che misurano costantemente il livello di umidità nel terreno delle piante. Quando rilevano un'umidità insufficiente, possono attivare automaticamente un sistema di irrigazione per fornire acqua alle piante. Questo è particolarmente utile per piante come l'orchidea e la felce di Boston, che richiedono un'umidità costante per prosperare.

Sistemi di illuminazione programmabili:

I sistemi di illuminazione programmabili consentono di regolare automaticamente l'intensità e la durata della luce fornita alle piante ornamentali da interno. Questo è fondamentale per piante come la dracena e il filodendro, che possono richiedere un'esposizione specifica alla luce per una crescita ottimale.

Sistemi di irrigazione automatizzati:

I sistemi di irrigazione automatizzati consentono di programmare e controllare l'irrigazione delle piante da interno in base alle loro esigenze specifiche. Ad esempio, piante come il ficus elastica e la sansevieria possono beneficiare di un'irrigazione regolare e ben dosata per mantenere la loro salute e vitalità.

Monitoraggio remoto tramite app:

Alcuni sistemi avanzati consentono di monitorare e controllare le piante ornamentali da interno da remoto tramite un'applicazione mobile. Questo offre un livello di flessibilità e comodità senza precedenti per gli amanti delle piante, consentendo loro di tenere d'occhio le loro piante anche quando non sono a casa.

L'uso di sistemi di automazione per il monitoraggio e la gestione delle piante ornamentali da interno può rivoluzionare il modo in cui le persone curano e coltivano le loro piante, offrendo un ambiente ottimale per la loro crescita e prosperità.

10. Integrare piante da interno in un design d'interni estetico e funzionale

L'integrazione di piante da interno in un design d'interni estetico e funzionale è un elemento fondamentale per creare un ambiente domestico accogliente e salutare. Le piante non solo aggiungono un tocco di verde e vivacità agli spazi interni, ma offrono anche numerosi benefici per la salute e il benessere. Vediamo alcune strategie pratiche per integrare le piante da interno in modo armonioso nel design degli interni:

1. Scegliere le piante giuste: Optare per piante ornamentali adatte agli ambienti interni e in grado di sopravvivere in condizioni di luce e umidità variabili. Piante come il ficus elastica, la sansevieria e il filodendro sono scelte popolari in Italia per il loro aspetto decorativo e la loro facilità di coltivazione.

2. Posizionamento strategico: Piazzare le piante in punti chiave della casa dove possano ricevere la giusta quantità di luce naturale e migliorare l'aspetto visivo degli spazi. Ad esempio, posizionare una pianta rampicante come il pothos su una mensola o una parete vuota può aggiungere interesse visivo e texture all'ambiente.

3. Creare gruppi di piante: Raggruppare diverse piante da interno insieme per creare composizioni accattivanti e dinamiche. Mixare piante di diverse forme, dimensioni e texture può aggiungere profondità e interesse visivo agli interni.

4. Scegliere contenitori decorativi: Utilizzare vasi e contenitori decorativi che si adattino allo stile e al tema degli interni. Contenitori in ceramica colorata, vasi sospesi o cesti intrecciati possono aggiungere un tocco di personalità e stile alle piante da interno.

5. Incorporare piante in ogni ambiente: Non limitare le piante da interno a un solo ambiente, ma distribuirle in tutta la casa per creare un senso di coesione e continuità nel design degli interni. Ad esempio, posizionare una piccola felce in bagno può aggiungere un tocco di freschezza e natura a uno spazio spesso trascurato.

6. Mantenimento e cura costante: Assicurarsi di mantenere le piante ben curate e in salute per preservarne l'aspetto decorativo e la vitalità nel tempo. Ciò include la regolare potatura, l'irrigazione accurata e la pulizia delle foglie per rimuovere la polvere accumulata.

Integrare le piante da interno in modo armonioso nel design degli interni non solo migliora l'aspetto estetico degli spazi, ma contribuisce anche a creare un ambiente domestico più salutare e accogliente per gli abitanti.

VI. Risoluzione dei Problemi Comuni nelle Piante da Interno

1. Giallume delle foglie: cause e soluzioni

Il giallume delle foglie è uno dei problemi più comuni che possono verificarsi nelle piante da interno e può essere un segnale di stress o squilibrio nell'ambiente di crescita. Comprendere le cause di questo sintomo è fondamentale per risolvere il problema e ripristinare la salute delle piante. Ecco alcune delle principali cause del giallume delle foglie e le relative soluzioni:

Cause:

1. *Eccesso o carenza d'acqua:* Un'irrigazione eccessiva o insufficiente può causare stress idrico alle piante, manifestandosi con il giallume delle foglie. Le radici possono marcire in caso di troppo acqua, mentre una carenza d'acqua può causare disidratazione e indebolimento delle foglie.

2. *Luce inadeguata:* Le piante hanno bisogno di una quantità adeguata di luce per la fotosintesi. Una luce insufficiente o eccessiva può portare al giallume delle foglie. Le foglie esposte alla luce solare diretta possono bruciarsi, mentre l'eccessiva ombra può ostacolare la fotosintesi.

3. **Nutrienti carenti:** Una mancanza di nutrienti essenziali come azoto, ferro o magnesio può causare il giallume delle foglie. Questi nutrienti sono fondamentali per la produzione di clorofilla e altri composti vitali per la salute delle piante.

4. **Malattie e parassiti:** Malattie fungine, batteriche o attacchi di parassiti come afidi e acari possono danneggiare le foglie, causando il loro ingiallimento.

Soluzioni:

1. **Adeguatezza dell'irrigazione:** Verificare che le piante ricevano la quantità corretta di acqua in base alle loro esigenze specifiche. Evitare l'eccesso di irrigazione e assicurarsi che il terreno si asciughi leggermente tra un'annaffiatura e l'altra.

2. **Miglioramento dell'illuminazione:** Posizionare le piante in luoghi dove ricevano la quantità ottimale di luce in base alle loro esigenze. Se la luce naturale è limitata, è possibile integrare l'illuminazione artificiale con lampade a spettro completo.

3. **Fertilizzazione equilibrata:** Utilizzare concimi bilanciati per fornire alle piante tutti i nutrienti necessari per una crescita sana. Monitorare i livelli di nutrienti nel terreno e integrare eventuali carenze con fertilizzanti specifici.

4. **Controllo delle malattie e dei parassiti:** Ispezionare regolarmente le piante per individuare segni di malattie o infestazioni da parassiti e intervenire tempestivamente con trattamenti appropriati, come l'uso di insetticidi naturali o fungicidi.

Affrontare efficacemente il problema del giallume delle foglie richiede un'analisi attenta delle condizioni ambientali e delle pratiche di cura delle piante. Identificare e risolvere le cause sottostanti è essenziale per ripristinare la salute e la vitalità delle piante da interno.

2. Appassimento delle foglie: diagnosi e trattamento

L'appassimento delle foglie è un sintomo preoccupante che può indicare problemi di salute della pianta. Può manifestarsi in diverse forme, tra cui le foglie che diventano molli, appassiscono o perdono la loro rigidità. Identificare le cause di questo problema è fondamentale per intervenire tempestivamente e ripristinare la salute della pianta. Ecco alcune delle principali cause dell'appassimento delle foglie e le relative soluzioni:

Cause:

1. **Eccesso o carenza d'acqua:** Un'irrigazione eccessiva o insufficiente può causare l'appassimento delle foglie. L'eccesso d'acqua può soffocare le radici e provocare il marciume radicale, mentre una carenza d'acqua può portare alla disidratazione delle foglie.

2. **Esposizione a temperature estreme:** Le piante possono subire stress termico se esposte a temperature troppo alte o troppo basse. Le alte temperature possono accelerare la traspirazione, mentre il freddo può danneggiare le radici e ostacolare l'assorbimento d'acqua.

3. **Malattie delle radici:** Malattie fungine o batteriche che colpiscono le radici possono compromettere la capacità della pianta di assorbire acqua e nutrienti, portando all'appassimento delle foglie.

4. **Parassiti delle radici:** Gli attacchi di parassiti delle radici, come i nematodi o gli insetti delle radici, possono danneggiare il sistema radicale, compromettendo l'assorbimento d'acqua e causando l'appassimento delle foglie.

Soluzioni:

1. **Controllo dell'irrigazione:** Verificare che le piante ricevano la quantità corretta di acqua in base alle loro esigenze specifiche. Mantenere il terreno umido ma non eccessivamente bagnato e evitare di lasciare ristagni d'acqua nel sottovaso.

2. **Gestione delle temperature:** Proteggere le piante dalle temperature estreme posizionandole in luoghi dove sono al riparo da correnti d'aria fredde o da esposizione diretta alla luce solare intensa durante le ore più calde della giornata.

3. **Trattamento delle malattie delle radici:** Utilizzare fungicidi o trattamenti specifici per combattere le malattie delle radici e ripristinare la salute del sistema radicale.

4. **Controllo dei parassiti:** Ispezionare attentamente le radici delle piante per individuare eventuali segni di infestazione da parassiti e intervenire con trattamenti mirati, come l'uso di nematocidi o insetticidi specifici per le radici.

Affrontare efficacemente il problema dell'appassimento delle foglie richiede un'analisi attenta delle condizioni ambientali e delle pratiche di cura delle piante. Identificare e risolvere le cause sottostanti è essenziale per ripristinare la salute e la vitalità delle piante da interno.

3. Caduta dei fiori: motivi e rimedi

La caduta dei fiori è un fenomeno comune che può verificarsi in molte piante da interno, causando preoccupazione tra gli appassionati di giardinaggio. Questo problema può essere dovuto a diversi fattori, e identificarli è fondamentale per adottare le giuste misure correttive. Ecco alcune delle cause più comuni della caduta dei fiori e le relative soluzioni:

Cause:

1. **Cambiamenti improvvisi nelle condizioni ambientali:** Le piante possono reagire negativamente a improvvisi cambiamenti di temperatura, umidità o esposizione alla luce. Questi cambiamenti possono causare stress alla pianta e portare alla caduta dei fiori.

2. **Mancanza di nutrimento:** Una carenza di nutrienti essenziali, come azoto, fosforo o potassio, può indebolire la pianta e influenzare negativamente la formazione dei fiori, portando alla caduta precoce dei boccioli o dei fiori stessi.

3. **Eccesso o carenza d'acqua:** Un'irrigazione eccessiva o insufficiente può influenzare la salute della pianta e compromettere la fioritura. L'eccesso d'acqua può portare al marciume delle radici, mentre la carenza può causare disidratazione e conseguente caduta dei fiori.

4. **Esposizione a correnti d'aria:** Le correnti d'aria possono causare stress idrico alla pianta, accelerare la traspirazione e portare alla caduta dei fiori. Posizionare le piante in luoghi ben ventilati ma protetti dalle correnti d'aria può aiutare a prevenire questo problema.

Soluzioni:

1. **Stabilizzare le condizioni ambientali:** Mantenere le condizioni ambientali il più costanti possibile può aiutare a ridurre lo stress alla pianta. Evitare cambiamenti improvvisi di temperatura o umidità e posizionare le piante in luoghi dove ricevono una luce diffusa e costante.

2. **Fornire nutrizione adeguata:** Assicurarsi che le piante ricevano un adeguato apporto di nutrienti può favorire una sana fioritura. Utilizzare concimi bilanciati e specifici per il periodo di fioritura e seguire attentamente le istruzioni per la somministrazione.

3. **Regolare l'irrigazione:** Mantenere un regime d'irrigazione equilibrato, evitando sia l'eccesso d'acqua che la carenza. Verificare il drenaggio del vaso e attendere che il terreno si asciughi leggermente tra un'irrigazione e l'altra.

4. **Proteggere dalle correnti d'aria:** Posizionare le piante in luoghi dove sono al riparo dalle correnti d'aria, ad esempio lontano da porte e finestre aperte. In caso di necessità, utilizzare schermature o pannelli per ridurre l'effetto delle correnti d'aria.

Affrontare la caduta dei fiori richiede un'attenzione particolare alle condizioni ambientali e alle pratiche di cura delle piante. Identificare e risolvere le cause sottostanti è fondamentale per garantire una fioritura rigogliosa e duratura nelle piante da interno.

4. Crescita lenta: come stimolare la crescita delle piante

La crescita lenta delle piante può essere un problema frustrante per gli amanti del giardinaggio. Se le tue piante sembrano stagnare nel loro sviluppo, ci sono diverse strategie che puoi adottare per stimolare una crescita più vigorosa e sana. Ecco alcuni suggerimenti pratici per affrontare il problema della crescita lenta:

1. Scelta del terreno e del vaso: Assicurati che le tue piante abbiano un terreno adatto e un vaso sufficientemente grande per consentire lo sviluppo delle radici. Un terreno ben drenato e ricco di sostanze nutritive favorirà una crescita più veloce e vigorosa.

2. Fornire nutrienti aggiuntivi: Integrare concimi bilanciati o specifici per la fase di crescita delle piante può essere utile per stimolare lo sviluppo. Opta per concimi liquidi o granulari e segui attentamente le istruzioni sulla confezione per evitare sovradosaggi.

3. Ottimizzare l'irrigazione: Mantieni un regime d'irrigazione equilibrato, fornendo alle piante la giusta quantità d'acqua senza eccedere. Troppo poco o troppo acqua può rallentare la crescita, quindi osserva attentamente le esigenze idriche delle tue piante e regola di conseguenza.

4. Esposizione alla luce: Assicurati che le tue piante ricevano la giusta quantità di luce solare. Posizionale in luoghi dove ricevono luce diretta o indiretta per almeno 6-8 ore al giorno, a seconda delle esigenze specifiche della pianta.

5. Temperatura e umidità: Mantieni un ambiente stabile con temperature moderate e livelli di umidità adeguati. Le variazioni estreme di temperatura o un'aria eccessivamente secca possono rallentare la crescita delle piante.

6. Potatura e rimozione delle parti danneggiate: Pratica una potatura regolare per rimuovere parti danneggiate o morte e incoraggiare lo sviluppo di nuovi germogli. Questo permette alle piante di concentrare le proprie energie sulla crescita e sul rigenerarsi.

7. Promuovere la circolazione dell'aria: Assicurati che le piante abbiano una buona circolazione dell'aria intorno a loro, evitando di posizionarle in luoghi troppo affollati o poco ventilati. Una buona circolazione dell'aria favorisce lo scambio di gas e contribuisce alla salute generale delle piante.

8. Monitoraggio e pazienza: Osserva attentamente le tue piante e sii paziente. La crescita delle piante può variare notevolmente in base alle specie e alle condizioni ambientali, quindi aspettati risultati diversi per ogni pianta.

Seguendo questi consigli e adottando le giuste pratiche di cura, puoi stimolare una crescita più rapida e vigorosa nelle tue piante da interno, garantendo loro il miglior ambiente possibile per prosperare.

5. Muffa e marciume radicale: prevenzione e trattamento

La comparsa di muffa e marciume radicale è un problema comune che può compromettere seriamente la salute delle piante da interno. Queste condizioni sono spesso il risultato di eccessiva umidità o di un'irrigazione inappropriata, e possono portare al deperimento delle radici e al declino generale della pianta. Ecco alcuni suggerimenti per prevenire e trattare la muffa e il marciume radicale:

1. Adeguata drenaggio del terreno: Utilizza terreno ben drenato e assicurati che i vasi abbiano fori di drenaggio sufficienti per permettere all'acqua in eccesso di defluire via. L'accumulo di acqua intorno alle radici può favorire lo sviluppo di muffe e marciume radicale.

2. Irrigazione moderata: Evita di irrigare eccessivamente le piante e lascia che il terreno si asciughi leggermente tra un'irrigazione e l'altra. Controlla sempre l'umidità del terreno prima di irrigare e regola la frequenza in base alle esigenze specifiche della pianta.

3. Aree ben ventilate: Posiziona le piante in luoghi ben ventilati per favorire una buona circolazione dell'aria intorno alle radici. L'aria stagnante può contribuire alla formazione di condizioni favorevoli alla crescita di muffe e batteri nocivi.

4. Rimozione delle parti colpite: Se noti segni di muffa o marciume radicale, rimuovi immediatamente le parti colpite della pianta, comprese le radici marce. Usa forbici pulite e disinfettate per evitare la diffusione di patogeni.

5. Trattamento fungicida: Applica un fungicida appropriato per combattere l'attacco di muffe e funghi nocivi. Segui attentamente le istruzioni sull'etichetta e applica il trattamento in modo uniforme sulle parti interessate della pianta.

6. Aumento della ventilazione: Se possibile, aumenta la ventilazione intorno alle piante utilizzando ventilatori o aprendo finestre. Questo aiuterà a ridurre l'umidità e a prevenire la formazione di condizioni favorevoli alla crescita di muffe e batteri.

7. Monitoraggio costante: Ispeziona regolarmente le tue piante per individuare segni precoci di muffa o marciume radicale e intervenire tempestivamente. Un intervento precoce può prevenire danni più gravi alla pianta.

Seguendo queste pratiche preventive e trattative, puoi proteggere le tue piante dall'attacco di muffe e marciume radicale, mantenendole in salute e rigogliose nel lungo termine.

6. Foglie secche: causa e strategie di recupero

Le foglie secche possono essere un sintomo preoccupante che indica problemi di salute della pianta. Questa condizione può essere causata da diversi fattori ambientali e comportamentali, ma è spesso il risultato di un'irrigazione inadeguata, bassi livelli di umidità ambientale o esposizione prolungata alla luce solare diretta. Ecco alcune cause comuni e strategie di recupero per affrontare il problema delle foglie secche:

1. Irrigazione inadeguata: Un'irrigazione insufficiente può causare la disidratazione delle foglie, portando alla comparsa di secchezza e appassimento. Assicurati di irrigare regolarmente le piante, evitando sia l'eccesso sia la carenza d'acqua. Verifica sempre l'umidità del terreno prima di irrigare e regola la frequenza in base alle esigenze specifiche della pianta.

2. Bassi livelli di umidità ambientale: In ambienti con bassi livelli di umidità, le foglie possono seccarsi più facilmente. Per aumentare l'umidità intorno alle piante, puoi ricorrere a diverse strategie, come l'utilizzo di umidificatori, l'innaffiatura delle foglie o la creazione di vaschette d'acqua vicino alle piante.

3. Esposizione alla luce solare diretta: Troppa luce solare diretta può bruciare le foglie e causare la secchezza. Se le tue piante sono esposte a lungo alla luce solare diretta, spostale in un'area con luce filtrata o utilizza tende o schermature per proteggerle dai raggi diretti del sole.

4. Eccessiva temperatura ambientale: Temperature elevate possono accelerare il tasso di traspirazione delle piante, causando la secchezza delle foglie. Assicurati che le tue piante siano posizionate in un ambiente con temperature moderate e ben ventilato per evitare il surriscaldamento.

5. Monitoraggio costante: Ispeziona regolarmente le foglie delle tue piante per individuare segni di secchezza e agisci prontamente per correggere il problema. Rimuovi le foglie secche o danneggiate per favorire la crescita di nuovi tessuti sani.

Adottando queste strategie e monitorando attentamente le condizioni ambientali, puoi aiutare le tue piante a recuperare dalla secchezza delle foglie e a tornare in salute.

7. Macchie sulle foglie: identificazione e intervento

Le macchie sulle foglie possono essere un segno di varie problematiche, tra cui malattie fungine, batteriche o anche danni causati da agenti ambientali. Ecco alcuni passi per identificare e affrontare le macchie sulle foglie delle tue piante da interno:

1. Identificazione delle macchie: Esamina attentamente le foglie per individuare la presenza di macchie di diversi colori, forme e dimensioni. Le macchie possono essere marroni, nere, gialle o bianche e possono comparire su entrambe le facce delle foglie.

2. Causa delle macchie: Le macchie sulle foglie possono essere causate da diverse problematiche, tra cui malattie fungine come la muffa bianca o il marciume radicale, infezioni batteriche, danni da eccessiva esposizione al sole o spruzzi d'acqua sulle foglie durante l'irrigazione.

3. Interventi:

- **Pruning:** Rimuovi le foglie gravemente colpite per prevenire la diffusione delle malattie. Usa forbici o cesoie pulite per tagliare le parti danneggiate e disinfettale tra un taglio e l'altro per evitare la diffusione di agenti patogeni.

- **Trattamenti fungicidi o battericidi:** Se le macchie sono causate da malattie, utilizza prodotti specifici per combattere funghi o batteri. Segui attentamente le istruzioni sull'etichetta e trattali secondo le indicazioni del produttore.

- **Regolazione delle condizioni ambientali:** Assicurati che le piante abbiano un'adeguata circolazione dell'aria e che non siano esposte a eccessiva umidità, che può favorire lo sviluppo di malattie fungine. Evita anche di bagnare le foglie durante l'irrigazione.

- **Monitoraggio costante:** Ispeziona regolarmente le tue piante per individuare tempestivamente eventuali segni di malattie o danni e intervenire prontamente.

Affrontare le macchie sulle foglie richiede un approccio tempestivo e mirato per prevenire la diffusione delle malattie e mantenere la salute delle piante.

8. Problemi legati all'acqua: eccesso, carenza, sali

L'acqua è vitale per la vita delle piante, ma può anche causare problemi se non utilizzata correttamente. Ecco alcuni dei problemi legati all'acqua che possono verificarsi nelle piante da interno e come affrontarli:

1. Eccesso d'acqua: Un'eccessiva irrigazione può portare al soffocamento delle radici e al marciume delle radici, causando il giallume delle foglie, la caduta delle foglie e un cattivo sviluppo complessivo della pianta. Per prevenire questo problema, assicurati che i vasi abbiano un buon drenaggio e riduci la frequenza dell'irrigazione se il terreno risulta ancora umido.

2. Carenza d'acqua: Una carenza d'acqua può causare il disseccamento delle foglie, la crescita rallentata e, in casi gravi, persino la morte della pianta. Monitora attentamente il terreno e assicurati di innaffiare regolarmente le piante quando necessario, specialmente durante i periodi caldi o quando le piante sono in fase di crescita attiva.

3. Accumulo di sali nel terreno: L'acqua d'irrigazione può contenere sali minerali che, se accumulati nel terreno, possono causare danni alle radici e compromettere l'assorbimento dei nutrienti da parte della pianta. Per prevenire questo problema, pratica l'irrigazione profonda e occasionale per lavare via i sali accumulati nel terreno. Puoi anche utilizzare acqua distillata o piovana per ridurre l'accumulo di sali nel terreno nel tempo.

4. Sintomi e diagnosi: Per identificare i problemi legati all'acqua, osserva attentamente le condizioni delle foglie e del terreno. Le foglie ingiallite possono indicare eccesso d'acqua o carenza, mentre un terreno che rimane umido per troppo tempo può essere un segno di irrigazione eccessiva.

Affrontare i problemi legati all'acqua richiede una gestione oculata dell'irrigazione e una corretta manutenzione del terreno per garantire che le piante ricevano la quantità appropriata di acqua e nutrienti.

9. Stress da trasporto o cambiamento di ambiente: come aiutare le piante a riprendersi

Le piante possono subire stress quando vengono trasportate da un luogo all'altro o quando vengono spostate in un nuovo ambiente. Questo stress può manifestarsi attraverso sintomi come il disseccamento delle foglie, la perdita di fiori o una crescita rallentata. Ecco alcuni consigli pratici per aiutare le piante a riprendersi da questo tipo di stress:

1. Acclimatazione graduale: Quando trasporti o sposti una pianta in un nuovo ambiente, è importante permetterle di adattarsi gradualmente alle nuove condizioni. Posiziona la pianta in una zona parzialmente ombreggiata per i primi giorni e aumenta gradualmente l'esposizione alla luce solare diretta nel corso di una settimana o due. Questo aiuterà a ridurre lo shock da trasporto e consentirà alla pianta di adattarsi gradualmente alle nuove condizioni ambientali.

2. Monitoraggio delle condizioni ambientali: Assicurati che il nuovo ambiente della pianta fornisca le condizioni ottimali di luce, temperatura e umidità. Se necessario, regola l'illuminazione con tende o luci artificiali, controlla la temperatura ambiente e la ventilazione e mantieni un livello di umidità adeguato attorno alla pianta.

3. Irrigazione e nutrizione adeguate: Durante il periodo di ripresa dallo stress, monitora attentamente il terreno e assicurati di irrigare la pianta solo quando necessario. Evita l'irrigazione eccessiva, che potrebbe aggravare lo stress. Inoltre, fornisci alla pianta un nutrimento adeguato mediante fertilizzanti bilanciati per favorire una rapida ripresa e una crescita sana.

4. Cure speciali: Alcune piante possono richiedere cure speciali durante il periodo di ripresa dallo stress. Ad esempio, potresti considerare l'applicazione di spray antistress o l'utilizzo di tecniche di potatura per rimuovere parti danneggiate o malate e favorire la crescita di nuovo fogliame sano.

Aiutare le piante a superare lo stress da trasporto o cambiamento di ambiente richiede pazienza e attenzione ai dettagli. Con le cure appropriate, la maggior parte delle piante sarà in grado di recuperare e prosperare nel loro nuovo ambiente.

10. Adattamento delle cure in base alle esigenze stagionali delle piante da interno

Le piante da interno hanno esigenze diverse a seconda della stagione, e adattare le cure in base a questi cambiamenti stagionali è fondamentale per garantire il loro benessere continuo. Ecco alcuni consigli pratici su come gestire le piante da interno durante le diverse stagioni dell'anno:

Primavera:

Durante la primavera, molte piante da interno iniziano a mostrare segni di crescita attiva. È il momento ideale per reimpiantare le piante che ne hanno bisogno e per iniziare a fornire loro un nutrimento extra con fertilizzanti bilanciati. Assicurati di controllare regolarmente l'umidità del terreno e di aumentare gradualmente la frequenza e la quantità di irrigazione man mano che le giornate si allungano e le temperature aumentano.

Estate:

L'estate può portare temperature più elevate e un maggiore rischio di disidratazione per le piante da interno. Durante i mesi estivi, è importante proteggere le piante dall'eccessivo calore e dai raggi solari diretti, specialmente nelle ore più calde della giornata. Posiziona le piante lontano dalle finestre esposte al sole diretto o utilizza tende o schermature per filtrare la luce solare e ridurre il rischio di scottature alle foglie. Aumenta la frequenza dell'irrigazione per compensare l'evaporazione più rapida dell'acqua.

Autunno:

Con l'arrivo dell'autunno, molte piante da interno possono entrare in una fase di riposo o di crescita più lenta. Riduci gradualmente la frequenza dell'irrigazione e sospendi l'applicazione di fertilizzanti mentre le piante si preparano per l'inverno. Assicurati di monitorare attentamente le piante per eventuali segni di malattia o stress e prendi le misure necessarie per affrontarli.

Inverno:

Durante l'inverno, molte piante da interno possono richiedere cure speciali per sopportare le condizioni più fredde e secche. Posiziona le piante lontano dalle fonti di calore e evita l'esposizione a correnti d'aria fredde. Riduci ulteriormente la frequenza dell'irrigazione e controlla che il terreno si asciughi leggermente tra una sessione di irrigazione e l'altra. Se necessario, aumenta l'umidità intorno alle piante utilizzando umidificatori o vassoi con ciottoli e acqua.

Adattare le cure in base alle esigenze stagionali delle piante da interno è essenziale per mantenere la loro salute e vitalità nel corso dell'anno.

VII. Arredare con Piante da Interno

1. Scelta delle piante in base allo stile e alla dimensione degli ambienti

La scelta delle piante da interno non riguarda solo le loro esigenze di crescita e cura, ma anche la loro capacità di integrarsi armoniosamente con lo stile e le dimensioni degli ambienti in cui verranno collocate. Qui di seguito, esploreremo alcuni suggerimenti pratici su come selezionare le piante più adatte in base allo stile e alle dimensioni degli ambienti interni:

Stile degli ambienti:

Quando si selezionano le piante da interno, è importante considerare lo stile degli ambienti in cui saranno collocate. Ad esempio, le piante dal fogliame verde scuro, come il ficus elastica o la sansevieria, possono essere ideali per interni dal design moderno e minimalista, mentre le piante fiorite, come l'orchidea o la violetta africana, possono aggiungere un tocco di colore e vivacità agli ambienti classici o romantici.

Dimensioni degli ambienti:

Le dimensioni degli ambienti influenzano anche la scelta delle piante da interno. In spazi più piccoli, è consigliabile optare per piante compatte o piante rampicanti che possono essere collocate su ripiani o appendici per massimizzare lo spazio disponibile. Ad esempio, il pothos o l'edera possono essere ottime scelte per aggiungere verde in spazi ristretti senza occupare troppo spazio. In ambienti più ampi, invece, si possono considerare piante di dimensioni più generose, come palme o dracene, per riempire gli spazi vuoti e creare un'atmosfera accogliente e rigogliosa.

Coerenza stilistica:

Per garantire un'estetica uniforme negli ambienti interni, è importante scegliere piante che si adattino al tema o allo stile decorativo dell'ambiente circostante. Ad esempio, in un ambiente dalle linee pulite e moderne, potrebbe essere preferibile evitare piante con fogliame molto frastagliato o fioriture vistose che potrebbero contrastare con l'aspetto minimalista degli arredi.

Bilanciamento visivo:

Infine, è importante trovare un equilibrio visivo tra le piante e gli altri elementi presenti negli ambienti interni, come mobili, quadri o accessori decorativi. Le piante dovrebbero complementare gli altri elementi senza sovrastarli o appesantire visivamente lo spazio. Ad esempio, se si dispone di arredi di grandi dimensioni, potrebbe essere preferibile optare per piante di altezza proporzionata che possano bilanciare visivamente la composizione complessiva degli ambienti.

Considerare lo stile e le dimensioni degli ambienti è fondamentale per selezionare le piante da interno più adatte e creare ambienti armoniosi e accoglienti.

2. Utilizzo di vasi e contenitori decorativi

La scelta dei vasi e dei contenitori per le piante da interno non è solo una questione di funzionalità, ma anche di estetica. I vasi e i contenitori decorativi possono aggiungere un tocco di stile e personalità agli ambienti interni, oltre a fornire un supporto adeguato per la crescita delle piante. Ecco alcuni consigli pratici sull'utilizzo di vasi e contenitori decorativi:

1. Materiale dei vasi:

I vasi possono essere realizzati in una vasta gamma di materiali, tra cui terracotta, ceramica, vetro, metallo e plastica. Ogni materiale ha le proprie caratteristiche e vantaggi. Ad esempio, i vasi in terracotta sono porosi e permettono una migliore aerazione del terreno, ma richiedono una maggiore attenzione nell'irrigazione per evitare la dispersione dell'acqua. I vasi in ceramica sono più decorativi e disponibili in una varietà di colori e design, ma possono essere più pesanti e fragili rispetto ad altri materiali.

2. Stile dei contenitori:

Il design e lo stile dei contenitori devono essere coerenti con l'arredamento degli ambienti interni. Ad esempio, in ambienti dal design moderno e minimalista, si possono preferire contenitori dalle linee pulite e semplici, mentre in ambienti più rustici o bohemien, si possono optare per contenitori dal design più organico e naturale, come cesti di vimini o vasi in legno intrecciato.

3. Dimensioni dei contenitori:

Le dimensioni dei contenitori devono essere adeguate alle dimensioni delle piante e al loro sistema radicale. È importante assicurarsi che i contenitori siano abbastanza grandi da fornire spazio sufficiente per lo sviluppo radicale delle piante e permettere una corretta aerazione del terreno. Inoltre, i contenitori più profondi possono essere più adatti per piante con radici lunghe, mentre i contenitori più larghi possono essere più adatti per piante con radici superficiali.

4. Drenaggio dell'acqua:

Indipendentemente dal materiale e dallo stile del contenitore, è essenziale assicurarsi che abbiano un sistema di drenaggio adeguato per evitare ristagni d'acqua che potrebbero danneggiare le radici delle piante. Questo può essere realizzato praticando dei fori sul fondo del contenitore o utilizzando un sottovaso con ghiaia o perlite per consentire il drenaggio dell'acqua in eccesso.

5. Creatività e personalizzazione:

Non abbiate paura di essere creativi e personalizzare i vasi e i contenitori delle vostre piante. Potete dipingere o decorare i vasi con colori e motivi che si abbinano al vostro stile personale o all'arredamento degli ambienti interni. Inoltre, potete utilizzare contenitori insoliti o inusuali, come tazze da tè vintage, teiere o vecchie cassette di legno, per aggiungere un tocco di originalità e carattere agli spazi.

Scegliere i vasi e i contenitori decorativi giusti può fare la differenza nell'aspetto complessivo delle vostre piante da interno, aggiungendo un tocco di bellezza e personalità agli ambienti domestici.

3. Creazione di composizioni e gruppi di piante armoniose

Creare composizioni e gruppi di piante all'interno degli ambienti domestici non solo aggiunge un tocco decorativo, ma può anche contribuire a creare un ambiente armonioso e accogliente. Ecco alcuni consigli pratici per creare composizioni di piante armoniose:

1. Varietà di altezze e dimensioni:

Scegliere piante con diverse altezze e dimensioni può aggiungere interesse visivo e profondità alla composizione. Ad esempio, si possono combinare piante di diverse altezze, come palme alte con piante più basse come le succulente, per creare un effetto di stratificazione che rende la composizione più interessante e dinamica.

2. Contrasto di forme e texture:

Mescolare piante con diverse forme e texture può creare un contrasto visivo affascinante. Ad esempio, si possono combinare piante con foglie grandi e audaci con piante con foglie più sottili e delicate, o piante con foglie lisce con piante con foglie pelose o ruvide, per aggiungere varietà e interesse alla composizione.

3. Coerenza nel colore:

Scegliere piante con colori che si armonizzano tra loro può contribuire a creare una composizione coesa e ben bilanciata. Ad esempio, si possono combinare piante con foglie verdi con piante con foglie variegate o dai toni di verde simili, oppure si possono scegliere piante con fiori dello stesso colore per creare un'atmosfera più uniforme e rilassante.

4. Pianificazione dello spazio:

Prima di creare la composizione, è importante pianificare lo spazio disponibile e posizionare le piante in modo strategico per ottenere l'effetto desiderato. Si possono utilizzare piante più alte o più focali come punto focale centrale della composizione, e quindi aggiungere piante più basse intorno ad esse per riempire lo spazio e aggiungere profondità.

5. Cambiamenti stagionali:

Tenere conto dei cambiamenti stagionali può aiutare a mantenere la composizione fresca e interessante durante tutto l'anno. Si possono aggiungere piante con fiori stagionali o fogliame colorato per dare un tocco di vivacità e vitalità alla composizione, e sostituire le piante che non prosperano in determinate stagioni con altre più adatte.

Creare composizioni e gruppi di piante armoniose richiede un po' di pianificazione e creatività, ma i risultati possono trasformare gli ambienti interni, aggiungendo bellezza e vitalità agli spazi abitativi.

4. Incorporare piante verticali per sfruttare lo spazio in altezza

Quando si arreda un ambiente interno con piante, spesso ci si concentra sullo sfruttamento dello spazio orizzontale disponibile, ma trascurare lo spazio in altezza può essere un errore. Incorporare piante verticali può non solo massimizzare l'area disponibile, ma anche creare un impatto visivo sorprendente. Ecco alcuni modi pratici per incorporare piante verticali nei tuoi ambienti interni:

1. Appendere le piante:

Utilizzare ganci da soffitto, supporti per piante o supporti murali per appendere piante come felci, piante rampicanti o piante sospese come il pothos. Questa tecnica libera spazio sul pavimento e crea un effetto accattivante che attira lo sguardo verso l'alto.

2. Utilizzare scaffali verticali:

Installare scaffali o mensole verticali lungo le pareti per ospitare una varietà di piante in vasi di diverse dimensioni. Questa soluzione è particolarmente adatta per piante da interno come erbe aromatiche, piante grasse e piante rampicanti che possono essere disposte in modo decorativo lungo i ripiani.

3. Creare una parete verde:

Una parete verde o un giardino verticale è un'opzione audace e moderna per portare la natura all'interno. Questo può essere realizzato utilizzando pannelli modulari prefabbricati o creando una struttura su misura con vasi incorporati. Le piante ideali per una parete verde includono felci, edere, felci di Boston e altre piante rampicanti.

4. Scegliere piante alte:

Optare per piante alte e snelle come palme, dracene o sansevierie per sfruttare lo spazio verticale e aggiungere altezza agli ambienti interni. Queste piante possono essere posizionate strategicamente in angoli o vicino a pareti per massimizzare l'effetto visivo.

5. Creare una struttura di sostegno:

Installare una griglia, una rete o una struttura di sostegno lungo
le pareti per consentire alle piante rampicanti di arrampicarsi e
crescere verso l'alto. Questa tecnica è perfetta per piante come
l'edera, il filodendro o il gelsomino, che possono aggiungere un
tocco di eleganza e freschezza agli interni.

Incorporare piante verticali negli ambienti interni non solo
aggiunge interesse visivo e texture, ma può anche migliorare la
qualità dell'aria e creare un ambiente più accogliente e
invitante.

5. Realizzare pareti verdi o giardini verticali

Le pareti verdi, o giardini verticali, sono un modo innovativo
ed esteticamente affascinante per portare la natura all'interno
degli ambienti domestici. Queste installazioni non solo
aggiungono un tocco di verde agli spazi interni, ma offrono
anche una serie di benefici ambientali e estetici. Ecco una guida
pratica su come realizzare una parete verde o un giardino
verticale:

1. Scelta delle piante:

Per creare una parete verde di successo, è essenziale
selezionare piante adatte alle condizioni ambientali interne.
Opta per piante resistenti che tollerano bene l'ombra e l'umidità
tipiche degli ambienti interni, come felci, edere, filodendro,
echeveria e pothos.

2. Valutazione del supporto:

Prima di iniziare, valuta la struttura su cui verrà realizzata la parete verde. Può essere una parete esistente, un pannello prefabbricato appositamente progettato o una struttura fai-da-te costruita con materiali come rete metallica, pallet di legno o vasi verticali.

3. Preparazione del supporto:

Assicurati che il supporto sia robusto e in grado di sostenere il peso delle piante e del terreno. Se stai utilizzando una parete esistente, assicurati che sia pulita e libera da muffe o umidità e applica uno strato di impermeabilizzazione per proteggere la struttura sottostante.

4. Impiantare le piante:

Una volta preparato il supporto, pianta le tue piante selezionate utilizzando un substrato adatto alle loro esigenze. Assicurati di posizionare le piante in modo uniforme sulla parete e di lasciare spazio sufficiente per consentire la crescita e lo sviluppo delle radici.

5. Irrigazione e manutenzione:

Le pareti verdi richiedono un'adeguata irrigazione per mantenere le piante idratate. Utilizza un sistema di irrigazione a goccia o un irrigatore automatico per garantire un'umidità uniforme su tutta la parete. Inoltre, effettua regolarmente la potatura e la rimozione delle foglie morte per mantenere la parete verde in salute.

6. Monitoraggio della luce:

Assicurati che le piante ricevano la giusta quantità di luce per prosperare. Posiziona la parete verde in un'area ben illuminata, ma evita l'esposizione diretta alla luce solare intensa che potrebbe danneggiare le piante.

Realizzare una parete verde o un giardino verticale richiede un po' di pianificazione e cura, ma i risultati possono trasformare radicalmente gli spazi interni, aggiungendo bellezza naturale e benefici per il benessere.

6. Integrare piante in ogni stanza della casa

Integrare piante in ogni stanza della casa è un modo per aggiungere un tocco di natura e freschezza agli ambienti interni, creando un'atmosfera accogliente e rilassante. Ecco alcuni consigli pratici su come incorporare piante in ogni stanza:

1. Soggiorno:

Il soggiorno è il cuore della casa, quindi è il luogo ideale per posizionare piante decorative che aggiungono colore e vivacità. Opta per piante da interno di grandi dimensioni come ficus elastica, dracene o monstera per riempire gli angoli vuoti e creare un'atmosfera lussureggiante.

2. Cucina:

La cucina può beneficiare di piante aromatiche che non solo aggiungono un tocco di verde, ma forniscono anche ingredienti freschi per le tue ricette. Coltiva basilico, rosmarino, prezzemolo e timo in vasi sul davanzale della finestra o su mensole dedicate per avere erbe fresche sempre a portata di mano.

3. Camera da letto:

Nella camera da letto, opta per piante che favoriscono un ambiente rilassante e promuovono il sonno. La lavanda è una scelta eccellente per il suo profumo rilassante, mentre la spathiphyllum, nota anche come "pianta della pace", contribuisce a purificare l'aria e a creare un'atmosfera tranquilla.

4. Bagno:

Anche il bagno può beneficiare della presenza di piante, che aggiungono un tocco di freschezza e contribuiscono a creare un'atmosfera spa-like. Scegli piante che prosperano in ambienti umidi come felci, orchidee o aloe vera e posizionale vicino alla finestra o in un angolo ben illuminato.

5. Studio o ufficio:

Per aumentare la produttività e ridurre lo stress, aggiungi piante verdi al tuo studio o ufficio. Le piante grasse come cactus e crassula sono una scelta popolare perché richiedono poca manutenzione e sono estremamente decorative.

Integrare piante in ogni stanza della casa non solo aggiunge un tocco di bellezza naturale, ma migliora anche la qualità dell'aria e il benessere generale degli abitanti. Sperimenta con diverse varietà di piante e posizionamenti per trovare la combinazione perfetta per ogni ambiente.

7. Tecniche per mantenere un giardino domestico esteticamente gradevole

Mantenere un giardino domestico esteticamente gradevole all'interno dell'appartamento richiede cura e attenzione costante, ma con alcune tecniche pratiche è possibile ottenere risultati sorprendenti. Ecco alcuni consigli utili:

1. **Pianificazione del layout:** Prima di iniziare a piantare, pianifica attentamente il layout del tuo giardino interno. Considera la disposizione delle piante in base allo spazio disponibile e alle condizioni di luce naturale all'interno dell'appartamento.

2. **Scelta delle piante:** Opta per piante da interno che si adattano alle condizioni ambientali della tua casa, come luce diffusa e temperatura costante. Scegli varietà di piante con fogliame interessante o fiori vistosi per aggiungere interesse visivo al giardino.

3. **Varietà di altezze:** Crea interesse visivo aggiungendo piante di diverse altezze. Posiziona piante più alte su scaffali o tavoli e piante più basse su mensole o terra per creare profondità e dimensione.

4. **Manutenzione regolare:** Mantieni il giardino interno pulito e ordinato eseguendo regolarmente operazioni di potatura, rimozione delle foglie morte e pulizia delle aiuole. Questo aiuterà a mantenere un aspetto ordinato e curato anche all'interno dell'appartamento.

5. **Irrigazione adeguata:** Assicurati di fornire alle tue piante la giusta quantità di acqua, evitando sia l'eccesso che la carenza. Utilizza tecniche di irrigazione come l'irrigazione a goccia o spruzzo per garantire un'umidità uniforme e controllata.

6. **Fertilizzazione:** Applica concimi specifici per piante da interno periodicamente per garantire una crescita sana e vigorosa. Segui le istruzioni sulle etichette dei fertilizzanti per evitare sovra-alimentazione.

7. **Decorazioni aggiuntive:** Aggiungi elementi decorativi come vasi colorati, statue in miniatura o decorazioni per le pareti per creare punti focali e aggiungere personalità al tuo giardino interno.

8. **Controllo delle infestanti:** Controlla regolarmente le piante per individuare eventuali segni di infestazione da insetti o malattie. Tratta prontamente qualsiasi problema utilizzando metodi di controllo biologico o prodotti naturali.

9. **Illuminazione supplementare:** Se la luce naturale è limitata, considera l'utilizzo di luci artificiali a LED per integrare l'illuminazione necessaria per le piante. Posiziona le luci in modo strategico per garantire una distribuzione uniforme della luce.

Seguendo questi consigli e tecniche, potrai creare e mantenere un giardino interno esteticamente gradevole e rigoglioso all'interno del tuo appartamento, portando gioia e bellezza alla tua casa.

8. Considerazioni di design nell'arredare con piante da interno

Quando si arreda con piante da interno, è importante considerare non solo l'aspetto estetico delle piante stesse, ma anche come integrarle armoniosamente nell'ambiente circostante. Ecco alcune considerazioni di design da tenere presente:

1. **Coerenza dello stile:** Scegli piante che si adattano allo stile e all'arredamento della tua casa. Ad esempio, piante succulente o cactacee potrebbero essere più adatte a un arredamento moderno, mentre piante da foglia come il ficus elastica si sposano bene con uno stile più classico.

2. **Bilanciare le dimensioni:** Considera le proporzioni delle piante rispetto allo spazio disponibile. Evita di sovraccaricare un ambiente con piante troppo grandi o di riempire uno spazio piccolo con piante troppo piccole.

3. **Punto focale:** Utilizza le piante per creare punti focali visivi all'interno degli spazi. Posiziona una grande pianta da pavimento accanto a un divano o un tavolo da pranzo per attirare l'attenzione e aggiungere interesse visivo.

4. **Gruppi di piante:** Raggruppa diverse piante insieme per creare composizioni armoniose. Gioca con diverse forme, texture e altezze per aggiungere interesse visivo e dinamicità al tuo arredamento.

5. **Posizionamento strategico:** Posiziona le piante in luoghi dove possono ricevere la giusta quantità di luce e ventilazione, evitando di ostruire passaggi o finestre. Inoltre, considera il punto di vista da cui verranno viste le piante per garantire una disposizione piacevole da ogni angolazione.

6. **Contenitori decorativi:** Scegli contenitori che si integrano con lo stile della tua casa e che aggiungano un tocco decorativo. Puoi optare per vasi in ceramica colorata, cesti di vimini intrecciati o vasi sospesi per aggiungere un tocco di personalità al tuo arredamento.

7. **Mix di piante:** Sperimenta con una varietà di piante per creare un mix interessante di forme, colori e texture. Ad esempio, puoi combinare piante fiorite con piante da foglia o piante rampicanti per un effetto visivo accattivante.

8. **Manutenzione:** Assicurati di posizionare le piante in luoghi accessibili per la manutenzione regolare, come la potatura, l'irrigazione e la pulizia delle foglie. Mantenere le piante ben curate contribuirà a preservarne l'aspetto e la salute nel tempo.

Considerando attentamente questi aspetti di design, potrai creare un ambiente accogliente e armonioso arricchito dalla presenza delle piante da interno, donando alla tua casa un tocco di freschezza e vitalità.

9. Sperimentare con varietà di piante e stili di decorazione

Sperimentare con una varietà di piante e stili di decorazione può essere un modo divertente e creativo per aggiungere personalità e carattere alla tua casa. Ecco alcuni suggerimenti su come farlo:

1. **Esplora nuove piante:** Oltre alle piante più comuni, come il ficus o la sansevieria, considera di aggiungere varietà meno comuni alla tua collezione. Ad esempio, potresti optare per piante tropicali come la strelitzia o la calathea, o piante aeree come le tillandsie, per aggiungere un tocco esotico e unico alla tua casa.

2. **Gioca con le dimensioni:** Sperimenta con piante di diverse dimensioni per creare contrasto e dinamismo nei tuoi spazi. Accanto a una grande pianta da pavimento, ad esempio, posiziona piante più piccole su mensole o tavolini per aggiungere profondità visiva e interesse.

3. **Mix di stili di decorazione:** Non limitarti a un unico stile di decorazione, ma mescola elementi di diversi stili per creare un ambiente eclettico e interessante. Ad esempio, puoi abbinare piante da interno con arredi moderni, vintage o bohémien per un look unico e personalizzato.

4. **Scegli contenitori unici:** Oltre ai tradizionali vasi in terracotta o ceramica, considera di utilizzare contenitori unici e inaspettati per le tue piante, come cesti intrecciati, vasi in vetro trasparente o vecchie teiere o tazze vintage. Questi aggiungeranno un tocco di originalità e creatività al tuo arredamento.

5. **Crea composizioni dinamiche:** Sperimenta con composizioni di piante che cambiano nel tempo, aggiungendo piante stagionali o piante che fioriscono in momenti diversi dell'anno. In questo modo, potrai godere di un ambiente in costante evoluzione e sempre pieno di vita.

6. **Personalizza il tuo spazio:** Infine, non dimenticare di aggiungere elementi decorativi personali, come fotografie, opere d'arte o oggetti d'artigianato fatti a mano, per rendere il tuo spazio ancora più accogliente e riflettente della tua personalità.

Sperimentare con una varietà di piante e stili di decorazione ti permetterà di creare un ambiente unico e stimolante, dove le piante sono protagoniste ma si integrano armoniosamente con il resto dell'arredamento. Divertiti a esplorare nuove idee e lascia che la tua creatività guidi il processo di decorazione!

10. Manutenzione e aggiornamento del decoro verde

La manutenzione e l'aggiornamento del decoro verde all'interno della tua casa sono fondamentali per garantire che le tue piante rimangano belle e in salute nel tempo. Ecco alcuni consigli pratici per prenderti cura delle tue piante da interno e mantenerle sempre al meglio:

1. **Annaffiatura regolare:** Assicurati di annaffiare le tue piante regolarmente, tenendo conto delle esigenze specifiche di ciascuna varietà. Alcune piante richiedono annaffiature più frequenti, mentre altre possono essere annaffiate con meno frequenza. Controlla sempre il terreno prima di annaffiare per evitare ristagni idrici o secchezza eccessiva.

2. **Controllo periodico delle foglie:** Osserva regolarmente le foglie delle tue piante per individuare eventuali segni di infestazione da parassiti o malattie. Rimuovi eventuali foglie secche o danneggiate e trattieni prontamente qualsiasi problema riscontrato per prevenire la diffusione a altre piante.

3. **Pulizia delle foglie:** Pulisci periodicamente le foglie delle tue piante per rimuovere la polvere e favorire la corretta respirazione delle piante. Puoi farlo delicatamente con un panno umido o sotto una doccia leggera per piante più robuste.

4. **Potatura:** Pratica la potatura regolare per rimuovere eventuali rami morti o danneggiati e favorire una crescita sana e rigogliosa. Assicurati di utilizzare utensili ben affilati e disinfettati per evitare la diffusione di malattie.

5. **Fornitura di nutrienti:** Integrare la fertilizzazione regolare nel tuo regime di cura delle piante è essenziale per garantire che le tue piante ricevano tutti i nutrienti di cui hanno bisogno per crescere vigorose e produrre fogliame sano e fiori rigogliosi. Utilizza un fertilizzante bilanciato e segui le istruzioni sulla confezione per dosare correttamente.

6. **Riposizionamento:** Osserva come la luce solare e le condizioni ambientali cambiano nel corso dell'anno e sposta di conseguenza le tue piante per assicurarti che ricevano la giusta quantità di luce e umidità. Inoltre, ruota periodicamente le piante per promuovere una crescita uniforme e evitare che si inclinino verso una direzione.

7. **Aggiornamento del decoro:** Oltre alla manutenzione regolare, considera di aggiornare periodicamente il decoro verde della tua casa aggiungendo nuove piante o sostituendo quelle vecchie. Questo ti permetterà di sperimentare con nuove varietà e stili di piante, mantenendo il tuo spazio sempre fresco e stimolante.

Seguendo questi consigli di manutenzione e aggiornamento del decoro verde, potrai godere di un ambiente domestico verde rigoglioso e invitante che riflette la tua passione per le piante e il tuo impegno per la cura delle stesse.

VIII. Piante da Interno per Migliorare la Qualità dell'Aria

1. Piante con capacità di purificazione dell'aria: meccanismi e benefici

Le piante con capacità di purificazione dell'aria sono un elemento importante per mantenere un ambiente domestico sano e privo di inquinanti. Queste piante non solo aggiungono bellezza e vivacità agli spazi interni, ma svolgono anche un ruolo cruciale nel filtrare l'aria da sostanze nocive e tossine presenti negli ambienti chiusi.

I meccanismi di purificazione dell'aria delle piante sono vari e comprendono processi come la fotosintesi, la traspirazione e l'assorbimento attraverso le radici. Durante la fotosintesi, le piante assorbono anidride carbonica dall'aria e la trasformano in ossigeno, contribuendo così a migliorare la qualità dell'aria. Inoltre, molte piante hanno la capacità di assorbire inquinanti atmosferici comuni, come formaldeide, benzene, e xilene, attraverso i loro stomi e tessuti fogliari, aiutando a purificare l'ambiente circostante.

I benefici derivanti dall'uso di piante con capacità di purificazione dell'aria sono molteplici. Oltre a ridurre la presenza di sostanze nocive nell'aria, queste piante possono anche contribuire a ridurre lo stress, migliorare l'umore e aumentare la produttività e la concentrazione. Inoltre, molte di queste piante sono facili da coltivare in ambienti interni e richiedono poche cure, rendendole ideali per l'uso in appartamenti e spazi limitati.

Tra le piante apprezzate in Italia per le loro capacità di purificazione dell'aria vi sono il ficus elastica, la pianta ragno, il sansevieria e la felce di Boston. Queste piante sono non solo efficaci nell'assorbire inquinanti atmosferici, ma sono anche esteticamente gradevoli e si adattano bene a una varietà di condizioni di crescita all'interno degli appartamenti italiani.

Coltivare e curare le piante con capacità di purificazione dell'aria è relativamente semplice e richiede solo attenzione ai bisogni specifici di ciascuna varietà, come l'irrigazione, l'esposizione alla luce e la fertilizzazione. Integrare queste piante nei tuoi spazi interni può contribuire notevolmente a creare un ambiente più salutare e confortevole per te e per la tua famiglia.

2. Selezione delle piante per la purificazione dell'aria in base alle sostanze inquinanti

Quando si selezionano le piante per la purificazione dell'aria, è importante considerare le sostanze inquinanti presenti negli ambienti interni e scegliere le varietà più adatte a rimuoverle efficacemente. Diverse piante hanno una maggiore affinità per determinati inquinanti, quindi una selezione oculata può massimizzare i benefici per la qualità dell'aria all'interno della tua casa.

Ad esempio, la formaldeide è un inquinante comune negli ambienti interni, derivante da materiali da costruzione, mobili, e prodotti per la cura personale. Per ridurre la presenza di formaldeide nell'aria, è consigliabile optare per piante come il ficus elastica, il filodendro e la pianta ragno, che sono noti per la loro capacità di assorbire questa sostanza chimica nociva attraverso i loro tessuti fogliari.

Allo stesso modo, il benzene e il toluene sono presenti in molti prodotti per la pulizia domestica, vernici, e sigarette. Per contrastare questi inquinanti, si consiglia di scegliere piante come la sansevieria, l'edera inglese e il crisantemo, che sono efficaci nell'assorbire queste sostanze tossiche e contribuire a mantenere l'aria più pulita e salutare.

Per quanto riguarda il benzene e il xilene, comunemente presenti nei solventi, nelle vernici e nei prodotti petroliferi, piante come la palma areca, il crisantemo e il gerbera possono essere utili nel filtrare queste sostanze nocive dall'aria.

In generale, una varietà di piante con capacità di purificazione dell'aria può essere utile per affrontare una vasta gamma di inquinanti comuni negli ambienti interni. Combinare diverse varietà può massimizzare l'efficacia nel mantenere l'aria pulita e ridurre i rischi per la salute associati all'inquinamento indoor.

Considerare attentamente le sostanze inquinanti presenti nel proprio ambiente domestico e selezionare le piante in base alle loro capacità specifiche di purificazione può contribuire a creare un ambiente più salutare e confortevole per te e per la tua famiglia.

3. Posizionamento strategico delle piante per massimizzare l'effetto purificatore

Posizionare strategicamente le piante all'interno della tua casa è fondamentale per massimizzare il loro effetto purificatore sull'aria. Poiché la distribuzione degli inquinanti non è uniforme in tutti gli ambienti domestici, è importante collocare le piante nei punti in cui possono essere più efficaci nel catturare le sostanze nocive e migliorare la qualità dell'aria.

Un'idea pratica è posizionare le piante vicino alle fonti di inquinamento. Ad esempio, se hai una cucina dove vengono utilizzati prodotti chimici per la pulizia o si cuociono cibi che emettono vapori tossici, posizionare piante come la sansevieria o il crisantemo vicino alla zona di cottura può aiutare a catturare gli inquinanti prima che si diffondano nell'ambiente.

Inoltre, considera di collocare le piante in prossimità di finestre e porte, dove l'aria esterna può penetrare portando con sé particelle inquinanti. In questo modo, le piante possono agire come una sorta di filtro naturale, catturando le particelle nocive e purificando l'aria che entra in casa.

Anche la disposizione delle piante all'interno della stanza può influenzare la loro efficacia purificatrice. Ad esempio, posizionare piante ad ampia foglia come il ficus elastica o la dracena vicino alle pareti può favorire una maggiore assorbenza di inquinanti atmosferici, poiché una maggiore superficie fogliare è esposta all'aria circostante.

Inoltre, assicurati di mantenere una buona circolazione dell'aria intorno alle piante, evitando di sovraccaricare gli spazi e lasciando spazio sufficiente per l'aria e la luce solare. Una corretta circolazione dell'aria può contribuire a garantire che le piante siano in grado di svolgere efficacemente le loro funzioni purificatrici.

Considera anche di utilizzare supporti per piante o scaffali per creare livelli verticali di verde, sfruttando al massimo lo spazio disponibile e garantendo che tutte le aree della casa possano beneficiare dell'effetto purificatore delle piante.

Scegliere attentamente il posizionamento delle piante in base alle caratteristiche specifiche della tua casa e delle fonti di inquinamento può contribuire in modo significativo a massimizzare l'efficacia purificatrice delle piante e a creare un ambiente interno più salutare e confortevole.

4. Monitoraggio e valutazione della qualità dell'aria interna

Monitorare e valutare la qualità dell'aria interna è un passo importante per garantire che le piante da interno siano efficaci nel loro ruolo di purificatori dell'aria. Esistono diverse tecniche e strumenti disponibili per monitorare la qualità dell'aria nella tua casa, che possono aiutarti a capire se le piante stanno svolgendo il loro compito in modo adeguato e se sono necessarie eventuali correzioni.

Uno dei modi più semplici per monitorare la qualità dell'aria è utilizzare un indicatore di qualità dell'aria, disponibile in diverse varianti sul mercato. Questi dispositivi misurano diversi parametri, come la presenza di particelle sospese nell'aria, composti organici volatili (VOC) e umidità. Posizionando l'indicatore in varie stanze della casa, puoi ottenere una panoramica della qualità dell'aria in diversi ambienti e valutare se ci sono differenze significative tra di loro.

In alternativa, puoi utilizzare sensori specifici per monitorare la presenza di sostanze inquinanti specifiche, come il biossido di carbonio (CO2) o il monossido di azoto (NO2), che sono comunemente presenti negli ambienti domestici a causa di attività quotidiane come la cottura, l'uso di prodotti chimici per la pulizia e il riscaldamento. Questi sensori forniscono letture precise delle concentrazioni di inquinanti nell'aria e possono aiutarti a identificare eventuali problemi di qualità dell'aria che potrebbero influenzare la salute delle piante e degli abitanti della casa.

Una volta ottenuti i dati sulla qualità dell'aria, è importante valutarli e interpretarli correttamente. Ad esempio, se i livelli di VOC sono elevati in una determinata area della casa, potrebbe essere necessario aumentare la ventilazione o ridurre l'uso di prodotti chimici per ridurre l'impatto negativo sulla salute delle piante e degli occupanti. Allo stesso modo, se i livelli di umidità sono troppo alti o troppo bassi, potrebbe essere necessario regolare l'irrigazione delle piante o utilizzare umidificatori o deumidificatori per mantenere un livello ottimale di umidità nell'aria.

Monitorare regolarmente la qualità dell'aria interna e apportare le correzioni necessarie può aiutare a garantire che le piante da interno siano in grado di svolgere il loro ruolo di purificatori dell'aria in modo efficace, contribuendo a creare un ambiente interno più sano e confortevole per te e la tua famiglia.

5. Creare un ambiente salutare con piante depuranti

Per creare un ambiente salutare con piante depuranti, è essenziale adottare una serie di tecniche specifiche e fare scelte oculate nella selezione e nella cura delle piante. Innanzitutto, è importante comprendere quali sostanze inquinanti si desidera rimuovere dall'aria interna. Ad esempio, alcune piante come la sansevieria, il ficus elastica e il dracena sono efficaci nella rimozione di sostanze come il biossido di carbonio e il formaldeide, comuni negli ambienti domestici a causa di materiali da costruzione e arredi.

Una volta identificate le sostanze inquinanti da affrontare, è possibile pianificare la disposizione delle piante in base alle loro esigenze di luce e umidità. Ad esempio, le piante che preferiscono luce intensa dovrebbero essere posizionate vicino a finestre ben illuminate, mentre quelle che prosperano in ambienti più ombrosi possono essere collocate in angoli meno luminosi della casa.

Inoltre, è consigliabile creare gruppi di piante con esigenze simili e posizionarle insieme per ottimizzare l'effetto depurativo. Ad esempio, un gruppo di sansevierie può essere collocato in prossimità di una cucina, mentre piante come la spathiphyllum possono essere disposte in salotto o in camera da letto per migliorare la qualità dell'aria durante il sonno.

Per quanto riguarda la cura delle piante, è fondamentale mantenere una corretta igiene, pulendo regolarmente le foglie con un panno umido per rimuovere polvere e sporco accumulati. Inoltre, è importante evitare l'accumulo di acqua stagnante nei sottovasi per prevenire la formazione di muffe e batteri dannosi per la salute delle piante e degli abitanti della casa.

Infine, per garantire un ambiente salutare nel lungo termine, è
consigliabile monitorare regolarmente la salute delle piante e la
qualità dell'aria interna. Ciò può essere fatto tramite l'uso di
sensori di qualità dell'aria o app dedicati, che consentono di
monitorare i livelli di inquinanti e di apportare eventuali
correzioni o aggiustamenti alla disposizione delle piante o alle
pratiche di cura.

In sintesi, creare un ambiente salutare con piante depuranti
richiede una combinazione di selezione oculata delle piante,
posizionamento strategico, cura attenta e monitoraggio
costante. Con un approccio attento e consapevole, è possibile
creare un ambiente domestico più sano e piacevole da vivere.

6. Effetti positivi delle piante sulla salute umana e il benessere psicologico

Il contatto con le piante all'interno degli ambienti domestici
non solo contribuisce a purificare l'aria, ma ha anche numerosi
effetti positivi sulla salute umana e sul benessere psicologico.
Numerosi studi hanno dimostrato che la presenza di piante può
ridurre lo stress, migliorare l'umore e favorire il recupero da
situazioni di disagio emotivo.

Una delle ragioni di ciò è il ruolo delle piante nell'assorbire
l'anidride carbonica e produrre ossigeno tramite la fotosintesi.
Questo processo non solo migliora la qualità dell'aria, ma
aumenta anche il livello di ossigeno nell'ambiente, favorendo la
concentrazione e riducendo la fatica mentale.

Inoltre, le piante possono contribuire a ridurre il livello di
rumore all'interno degli ambienti domestici, agendo come
barriere naturali per assorbire suoni indesiderati e migliorare
l'acustica degli spazi.

Dal punto di vista psicologico, le piante possono avere un effetto calmante e rilassante sull'umore delle persone. La presenza di vegetazione può ridurre i sintomi di ansia e depressione, promuovendo una sensazione di benessere generale e aumentando la soddisfazione emotiva.

Inoltre, prendersi cura delle piante può essere un'attività terapeutica e gratificante. L'atto di innaffiare, potare e curare le piante può fornire un senso di realizzazione e di connessione con la natura, riducendo lo stress e migliorando l'autostima.

Infine, le piante possono anche migliorare l'aspetto estetico degli ambienti domestici, aggiungendo colore, texture e vitalità agli spazi. La presenza di piante ornamentali può trasformare un ambiente sterile in uno più accogliente e invitante, migliorando così la qualità complessiva della vita domestica.

In conclusione, gli effetti positivi delle piante sulla salute umana e sul benessere psicologico sono molteplici e significativi. Coltivare piante all'interno degli ambienti domestici non solo contribuisce a migliorare la qualità dell'aria, ma può anche promuovere il benessere emotivo e fornire numerosi benefici per la salute mentale e fisica.

7. Incorporare piante depuranti in ambienti di lavoro e studio

Incorporare piante depuranti negli ambienti di lavoro e studio può contribuire notevolmente al miglioramento della qualità dell'aria e al benessere generale delle persone. Nelle moderne impostazioni lavorative e di studio, spesso caratterizzate da un'elevata presenza di dispositivi elettronici e materiali sintetici, la qualità dell'aria può essere compromessa da sostanze inquinanti come formaldeide, benzene e xilene, che possono derivare da materiali da costruzione, mobili, apparecchiature e prodotti per la pulizia.

L'introduzione di piante depuranti, come la Sansevieria, l'edera inglese e la pianta ragno, può aiutare a ridurre la presenza di queste sostanze nocive nell'aria. La Sansevieria, ad esempio, è nota per la sua capacità di assorbire formaldeide e xilene, comuni in molti ambienti interni. L'edera inglese, invece, è efficace nel filtrare il benzene e il tricloroetilene, presenti in alcuni materiali da costruzione e prodotti per la pulizia. La pianta ragno è particolarmente adatta a ridurre la presenza di monossido di carbonio e xilene nell'aria.

Posizionare queste piante strategicamente negli ambienti di lavoro e studio può massimizzarne l'efficacia purificatrice. Ad esempio, posizionare alcune piante sulle scrivanie o sui ripiani vicino ai computer può contribuire a ridurre l'esposizione agli agenti inquinanti emessi da apparecchiature elettroniche. Inoltre, creare piccoli giardini verticali o installare piante sopra i divisori può aiutare a massimizzare lo spazio disponibile e migliorare la qualità dell'aria in modo uniforme nell'intero ambiente.

Oltre ai benefici per la salute fisica, la presenza di piante negli ambienti di lavoro e studio può anche migliorare l'umore, aumentare la produttività e favorire la creatività. Studi hanno dimostrato che gli spazi verdi possono contribuire a ridurre lo stress e l'affaticamento mentale, migliorando così il benessere generale dei dipendenti e degli studenti.

In conclusione, incorporare piante depuranti negli ambienti di lavoro e studio può portare numerosi benefici per la salute e il benessere delle persone, oltre a migliorare l'ambiente di lavoro e studio in generale.

8. Cura specifica per le piante depuranti: irrigazione, potatura, concimazione

Per garantire che le piante depuranti mantengano la loro efficacia nel migliorare la qualità dell'aria, è essenziale fornire loro cure specifiche. Ci sono diversi aspetti della cura delle piante depuranti che vanno considerati attentamente, tra cui l'irrigazione, la potatura e la concimazione.

1. **Irrigazione:** La quantità e la frequenza dell'irrigazione dipendono dalle esigenze specifiche di ciascuna pianta. È importante evitare sia l'eccesso che la carenza d'acqua, poiché entrambi possono compromettere la salute delle piante. Ad esempio, la Sansevieria preferisce un terreno leggermente asciutto tra un'irrigazione e l'altra, mentre l'edera inglese richiede una maggiore umidità del terreno. Un buon metodo per verificare se le piante hanno bisogno di acqua è quello di controllare il livello di umidità del terreno con il dito: se il terreno è asciutto fino a un centimetro di profondità, è il momento di irrigare.

2. **Potatura:** La potatura regolare è importante per mantenere la forma e la salute delle piante depuranti. Rimuovere foglie morte o malate può prevenire la diffusione di malattie e promuovere la crescita di nuovi germogli. Inoltre, la potatura può essere utile per controllare la dimensione e la forma delle piante, soprattutto se vengono coltivate in spazi interni limitati.

3. **Concimazione:** Le piante depuranti possono beneficiare di una concimazione regolare per garantire una crescita vigorosa e una maggiore capacità di depurazione dell'aria. È consigliabile utilizzare un concime bilanciato, specifico per piante da interno, diluito a metà della concentrazione consigliata sulla confezione. La concimazione dovrebbe essere effettuata durante la stagione di crescita attiva, solitamente dalla primavera all'autunno, con una frequenza che varia da una volta al mese a una volta ogni due mesi, a seconda delle esigenze specifiche della pianta.

Ad esempio, la Sansevieria è una pianta robusta che richiede una concimazione leggera una volta ogni due mesi durante la stagione primavera-estate. D'altra parte, l'edera inglese può essere concimata una volta al mese durante lo stesso periodo, poiché è una pianta più vigorosa e in rapida crescita.

Seguendo queste pratiche di cura specifiche, è possibile garantire che le piante depuranti rimangano in salute e continuino a svolgere efficacemente il loro ruolo nel migliorare la qualità dell'aria negli ambienti interni.

9. Sintomi di inquinamento dell'aria e risposte delle piante

Nel riconoscere e rispondere agli inquinanti dell'aria, le piante possono manifestare una serie di sintomi che indicano il livello di contaminazione presente nell'ambiente circostante. Capire questi segnali è fondamentale per identificare e affrontare efficacemente i problemi di qualità dell'aria. Ecco alcuni sintomi comuni di inquinamento dell'aria e le risposte delle piante:

1. **Decadimento delle foglie:** Le foglie che diventano gialle, marroni o presentano macchie possono indicare un'esposizione eccessiva a inquinanti come il biossido di azoto o il monossido di carbonio. In risposta, le piante possono rallentare la crescita o manifestare segni di indebolimento. Per affrontare questa situazione, è importante garantire una buona ventilazione dell'ambiente e monitorare il livello di inquinanti.

2. **Crescita stentata:** Se le piante mostrano una crescita lenta o una produzione ridotta di foglie e fiori, potrebbe essere un segnale di un ambiente troppo inquinato. In queste circostanze, è consigliabile aumentare il numero di piante depuranti presenti nell'ambiente o utilizzare sistemi di purificazione dell'aria aggiuntivi, come filtri o dispositivi elettronici.

3. **Aumento della caduta delle foglie:** Se le piante perdono più foglie del normale, potrebbe essere un segno di stress dovuto all'inquinamento atmosferico. In questi casi, è importante rimuovere le foglie morte e fornire cure aggiuntive, come un'irrigazione adeguata e una corretta esposizione alla luce solare.

4. **Riduzione della fioritura:** Se le piante smettono di fiorire o producono fiori di dimensioni e qualità inferiori rispetto al solito, potrebbe essere dovuto a un ambiente inquinato. Aumentare la ventilazione, pulire regolarmente le foglie e fornire una concimazione adeguata possono aiutare le piante a riprendersi e a riprendere la fioritura.

5. **Deformità delle foglie o dei fiori:** L'esposizione a inquinanti atmosferici può causare deformità nelle foglie o nei fiori delle piante. Questo può manifestarsi attraverso foglie contorte, margini irregolari o fiori malformati. In questi casi, è importante individuare e rimuovere la fonte di inquinamento e adottare misure correttive per migliorare la qualità dell'aria.

Monitorare attentamente questi sintomi e rispondere prontamente con le cure appropriate può contribuire a mantenere le piante in salute e a migliorare la qualità dell'aria negli ambienti interni.

10. Promuovere la biodiversità domestica con piante depuranti

Promuovere la biodiversità domestica attraverso l'uso di piante depuranti può portare una serie di vantaggi sia per l'ambiente interno che per la salute umana. Ecco alcuni modi pratici per incoraggiare la biodiversità domestica con piante depuranti:

1. **Varietà di specie:** Per massimizzare gli effetti depurativi e favorire la biodiversità, è consigliabile coltivare una varietà di piante depuranti all'interno della casa. Ogni pianta ha le proprie capacità di assorbire specifici inquinanti dall'aria, quindi una varietà di specie può coprire una gamma più ampia di contaminanti.

2. **Posizionamento strategico:** Disporre le piante depuranti in diverse aree della casa può favorire una distribuzione uniforme dell'aria pulita. Posizionare le piante vicino a finestre o porte può facilitare lo scambio d'aria e aumentare l'efficacia della purificazione dell'aria.

3. **Rotazione delle piante:** Cambiare periodicamente la posizione delle piante depuranti può aiutare a garantire che ricevano una quantità equa di luce solare e aria fresca. Inoltre, la rotazione può stimolare la crescita uniforme delle piante e prevenire lo sviluppo di problemi legati all'ombreggiamento eccessivo.

4. **Utilizzo di piante native:** Optare per piante native della regione può favorire la biodiversità locale e contribuire alla conservazione della flora autoctona. Le piante native sono adattate alle condizioni climatiche locali e richiedono meno manutenzione rispetto alle specie esotiche.

5. **Creazione di habitat per la fauna:** Le piante depuranti non solo migliorano la qualità dell'aria, ma possono anche fungere da habitat per insetti benefici e piccoli animali. Incorporare elementi come fonti d'acqua, rifugi e piante fiorite può attrarre una varietà di creature benefiche per l'ecosistema domestico.

Promuovere la biodiversità domestica con piante depuranti non solo contribuisce a creare un ambiente più sano e piacevole, ma anche a sostenere l'ecosistema locale e la conservazione della natura.

IX. Piante da Interno per la Terapia del Verde

1. Concetti di terapia del verde: benefici per la salute mentale e fisica

Il capitolo si apre con un'esplorazione dei concetti di terapia del verde e dei benefici che questa pratica può portare alla salute mentale e fisica. La terapia del verde è un approccio terapeutico che coinvolge l'interazione con la natura, inclusa la cura delle piante, per migliorare il benessere psicologico e fisico delle persone. Questo concetto si basa sull'idea che l'esposizione alla natura e l'interazione con le piante possano avere effetti positivi sulla nostra salute.

Numerosi studi scientifici hanno dimostrato i benefici della terapia del verde. Ad esempio, l'esposizione a spazi verdi è stata associata a una riduzione dello stress, dell'ansia e della depressione, oltre a promuovere il rilassamento e il miglioramento dell'umore. Inoltre, lavorare con le piante può aiutare a sviluppare un senso di realizzazione e controllo, aumentare la concentrazione e migliorare le capacità cognitive.

Dal punto di vista fisico, la terapia del verde può incoraggiare uno stile di vita più attivo e sano. L'attività fisica legata alla cura delle piante, come la potatura, l'irrigazione e il trapianto, può contribuire a migliorare la resistenza, la forza e la flessibilità muscolare. Inoltre, le piante possono agire come filtri naturali dell'aria, riducendo la presenza di inquinanti e migliorando la qualità dell'aria interna.

Nel contesto italiano, dove la cultura del giardinaggio e della coltivazione delle piante è profondamente radicata, la terapia del verde trova un terreno fertile. Le persone possono trarre ispirazione dalle ricche tradizioni orticole italiane e dalle numerose varietà di piante ornamentali e aromatiche che caratterizzano il paesaggio botanico del paese.

In questo capitolo, esploreremo in dettaglio i diversi aspetti della terapia del verde e forniremo consigli pratici su come integrare questa pratica nella vita quotidiana, anche in un contesto domestico come un appartamento.

2. Selezione delle piante per la terapia del verde in base agli effetti desiderati

Nel selezionare le piante per la terapia del verde, è essenziale considerare gli effetti desiderati sulla salute mentale e fisica. Diverse piante possono offrire benefici unici e contribuire in modi diversi al benessere complessivo. Ecco alcuni suggerimenti pratici per la selezione delle piante in base agli effetti desiderati:

1. **Piante rilassanti:** Per favorire il rilassamento e ridurre lo stress, si possono scegliere piante con proprietà calmanti e profumi delicati. Ad esempio, la lavanda è nota per le sue proprietà rilassanti e può essere coltivata sia all'interno che all'esterno. Anche le piante succulente, come l'aloe vera, possono essere rilassanti da coltivare e offrono il vantaggio aggiuntivo di avere proprietà lenitive per la pelle.

2. **Piante purificanti dell'aria:** Per migliorare la qualità dell'aria interna e ridurre la presenza di inquinanti, si possono scegliere piante che hanno dimostrato di assorbire sostanze nocive e rilasciare ossigeno. Esempi comuni includono la pianta serpente (Sansevieria), il ficus elastica e il filodendro.

3. **Piante aromatiche:** Le piante con profumi delicati o aromatici possono contribuire a creare un'atmosfera rilassante e piacevole. Ad esempio, la menta e la salvia hanno profumi freschi e possono essere utilizzate anche in cucina per aggiungere sapore ai piatti. Inoltre, le piante aromatiche come la lavanda e il rosmarino possono favorire il relax e ridurre l'ansia.

4. **Piante ornamentali:** Le piante con fiori colorati o fogliame interessante possono contribuire a migliorare l'umore e aggiungere un tocco di bellezza agli ambienti interni. Ad esempio, le viole africane, le begonie e le orchidee sono tutte piante ornamentali apprezzate per i loro fiori vivaci e la facilità di cura.

5. **Piante da frutto:** Coltivare piante da frutto può essere gratificante e offrire un senso di realizzazione. Anche se alcune piante da frutto possono richiedere più cura e attenzione, molte varietà possono essere coltivate con successo anche in vaso. Ad esempio, i limoni, le arance e le fragole sono piante da frutto popolari tra i giardinieri domestici.

Scegliere le piante giuste per la terapia del verde può fare la differenza nell'esperienza complessiva e nei benefici ottenuti. È importante considerare le preferenze personali, le esigenze specifiche di cura e l'ambiente in cui le piante verranno coltivate. Oltre ai suggerimenti sopra elencati, è consigliabile fare ricerche approfondite sulle singole piante e consultare esperti o giardinieri locali per ulteriori consigli e informazioni.

3. Creare spazi verdi rigeneranti per il relax e il benessere

Per creare ambienti interni rigeneranti e accoglienti, le piante ornamentali da interno svolgono un ruolo fondamentale. Ecco alcuni suggerimenti pratici per utilizzare queste piante per promuovere il relax e il benessere all'interno dell'appartamento:

1. **Scelta delle piante:** Optare per piante ornamentali da interno adatte alle condizioni di luce e umidità dell'appartamento. Ad esempio, la felce di Boston, la sansevieria e il ficus sono piante popolari che richiedono poco mantenimento e possono sopravvivere bene in ambienti interni.

2. **Creare zone verdi:** Organizzare lo spazio in modo da integrare diverse piante ornamentali in vari punti dell'appartamento. Ad esempio, posizionare piante su mensole, tavoli o appendere cesti di piante dal soffitto per aggiungere verde e vitalità a ogni stanza.

3. **Scegliere piante con proprietà purificanti:** Molte piante ornamentali da interno hanno anche proprietà di purificazione dell'aria, contribuendo a creare un ambiente più sano e rigenerante. Ad esempio, la pianta del serpente (Sansevieria), la pianta del ragno (Chlorophytum comosum) e la pianta di serpente (Zamioculcas zamiifolia) sono note per la loro capacità di assorbire le tossine dall'aria.

4. **Giocare con la varietà:** Scegliere una varietà di piante ornamentali da interno con diverse forme, dimensioni e colori per creare un ambiente interessante e stimolante. Ad esempio, combinare piante con foglie grandi e vistose con piante rampicanti o piante fiorite per aggiungere varietà visiva agli spazi interni.

5. **Curare l'aspetto sensoriale:** Oltre alla bellezza visiva, considerare anche gli altri sensi. Ad esempio, scegliere piante con profumi delicati o aromatici per stimolare l'olfatto e piante con fogliame morbido o texture interessanti per stimolare il tatto.

6. **Illuminazione adeguata:** Assicurarsi che le piante ricevano la quantità di luce necessaria per prosperare all'interno dell'appartamento. Posizionare le piante in prossimità delle finestre o utilizzare luci artificiali a LED per fornire la giusta quantità di luce, specialmente in ambienti con poca illuminazione naturale.

7. **Manutenzione regolare:** Prendersi cura delle piante ornamentali da interno richiede una manutenzione regolare, che include annaffiature regolari, potatura delle foglie morte e pulizia delle foglie per mantenere le piante in salute e attraenti.

Utilizzando queste piante ornamentali da interno in modo creativo e curando adeguatamente il loro ambiente, è possibile creare uno spazio rigenerante e accogliente all'interno dell'appartamento, migliorando il benessere e la qualità della vita.

4. Incorporare piante aromatiche per stimolare i sensi

Incorporare piante aromatiche all'interno dell'appartamento è un modo efficace per stimolare i sensi e migliorare l'esperienza sensoriale in casa. Ecco alcuni consigli pratici su come utilizzare piante aromatiche per creare un ambiente accogliente:

1. **Selezione delle piante aromatiche:** Scegliere piante aromatiche come la menta, il rosmarino, la lavanda, la salvia e il basilico, che non solo aggiungono profumo all'ambiente, ma sono anche facili da coltivare in vasi all'interno dell'appartamento.

2. **Posizionamento strategico:** Posizionare le piante aromatiche in aree chiave dell'appartamento, come la cucina, il soggiorno o la camera da letto, dove il profumo può diffondersi facilmente e essere apprezzato.

3. **Utilizzare vasi decorativi:** Scegliere vasi decorativi che si adattino allo stile e all'arredamento dell'appartamento per integrare le piante aromatiche in modo armonioso nell'ambiente domestico.

4. **Cura adeguata:** Assicurarsi di fornire alle piante aromatiche le condizioni ottimali di luce, acqua e drenaggio per favorire una crescita sana e mantenere il loro aroma intenso. Annaffiare regolarmente senza eccedere e posizionare le piante in luoghi dove ricevano la giusta quantità di luce solare.

5. **Utilizzo pratico:** Oltre a migliorare l'atmosfera dell'appartamento con il loro profumo, le piante aromatiche possono essere utilizzate anche in cucina per aromatizzare i piatti cucinati in modo naturale e aggiungere sapore alle pietanze.

6. **Creare un giardino aromatico:** Se lo spazio lo permette, creare un piccolo giardino aromatico indoor dove diverse piante aromatiche possono essere coltivate insieme, offrendo una varietà di profumi e colori che arricchiscono l'ambiente domestico.

7. **Raccolta e conservazione:** Raccogliere regolarmente le foglie aromatiche per utilizzarle in cucina o per preparare infusi e oli essenziali. Inoltre, è possibile essiccare le erbe aromatiche per conservarle a lungo e continuare a godere del loro profumo anche quando non sono in piena fioritura.

Integrare piante aromatiche nell'arredamento dell'appartamento non solo aggiunge bellezza visiva, ma stimola anche i sensi e crea un ambiente accogliente e rilassante per i residenti.

5. Attività di giardinaggio come forma di meditazione e rilassamento

Coltivare piante da interno non è solo un modo per aggiungere verde alla casa, ma può anche essere un'attività terapeutica che favorisce la meditazione e il rilassamento. Ecco alcuni modi in cui il giardinaggio può diventare una forma di meditazione all'interno dell'appartamento:

1. **Fare attenzione al processo:** Dedica del tempo a osservare attentamente le tue piante mentre le annaffi, le poti o le curi. Concentrati sulle sensazioni tattili, visive e olfattive che provengono dalle piante. Nota la texture delle foglie, il colore dei fiori e il profumo che emettono.

2. **Respirazione consapevole:** Pratica la respirazione consapevole mentre interagisci con le piante. Respira profondamente e lentamente, concentrandoti sul ritmo del respiro mentre ti prendi cura delle piante. Questo può aiutare a ridurre lo stress e l'ansia, portando la mente nel momento presente.

3. **Mindfulness durante la cura delle piante:** Sii completamente presente nel momento mentre annaffi, poti o concimi le piante. Concentrati sul compito a portata di mano senza lasciare che la mente divaghi su altri pensieri. Questo ti aiuterà a sviluppare la consapevolezza del momento presente e a rilassarti.

4. **Ascolto della natura:** Goditi il suono rilassante della terra mentre lavori con le piante. Ascolta il suono dell'acqua mentre annaffi le piante e il leggero fruscio delle foglie mentre le tocchi. Questo ti aiuterà a connetterti con la natura e a rilassarti.

5. **Visualizzazione creativa:** Visualizza la crescita e lo sviluppo delle tue piante mentre le curi. Immagina le radici che si espandono nel terreno e i fiori che sbocciano rigogliosi. Questo tipo di visualizzazione creativa può aiutarti a rilassarti e a sentirti più positivo.

6. **Celebra i successi:** Ogni volta che le tue piante crescono e fioriscono, prenditi il tempo per celebrare i tuoi successi. Questo ti aiuterà a sviluppare un senso di gratitudine e soddisfazione per il tuo lavoro di giardinaggio.

Praticare il giardinaggio come forma di meditazione e rilassamento all'interno dell'appartamento può portare numerosi benefici per la salute mentale e fisica. Fornisce un'opportunità per connettersi con la natura, ridurre lo stress e promuovere il benessere complessivo.

6. Utilizzo di piante da interno per ridurre lo stress e l'ansia

Le piante da interno non sono solo elementi decorativi, ma possono anche agire come potenti alleati nel combattere lo stress e l'ansia, creando un ambiente più calmo e rilassante all'interno dell'appartamento. Ecco come puoi utilizzare le piante per ridurre lo stress e l'ansia:

1. **Piante che favoriscono il relax:** Alcune piante sono particolarmente note per le loro proprietà calmanti. Ad esempio, la lavanda emana un profumo rilassante che può aiutare a ridurre l'ansia e migliorare la qualità del sonno. Posiziona un vaso di lavanda sul comodino o sul tavolino del soggiorno per godere dei suoi benefici calmanti.

2. **Piante verdi rigogliose:** Le piante con foglie verdi rigogliose, come la felce o il ficus, possono aiutare a creare un senso di tranquillità e serenità nell'ambiente circostante. Posiziona queste piante in varie stanze dell'appartamento per creare un'atmosfera accogliente e rilassante.

3. **Attività di giardinaggio come terapia:** Il coinvolgimento in attività di cura delle piante può essere estremamente terapeutico per ridurre lo stress e l'ansia. Dedica del tempo ogni giorno per annaffiare, potare o semplicemente osservare le tue piante. Questo ti permetterà di distogliere la mente dai pensieri negativi e di concentrarti sul presente.

4. **Piante aromatiche per l'aromaterapia:** L'aromaterapia utilizza oli essenziali estratti da piante aromatiche per promuovere il benessere mentale e fisico. Coltiva piante aromatiche come la menta, il rosmarino o la camomilla e utilizza le loro foglie o fiori per preparare tisane rilassanti o per diffondere i loro profumi nell'ambiente.

5. **Creare uno spazio verde rigenerante:** Dedica una zona dell'appartamento alla creazione di uno spazio verde rigenerante. Posiziona diverse piante, come felci, piante grasse e fiori colorati, insieme a sedie comode o cuscini per meditare. Questo spazio diventerà il tuo rifugio personale per sfuggire allo stress e rigenerare la mente e lo spirito.

Utilizzando le piante da interno in modo strategico, è possibile creare un ambiente che favorisce il relax e riduce lo stress e l'ansia, contribuendo così al benessere generale nella vita quotidiana.

7. Costruire un orto domestico per il benessere psicofisico

Costruire un orto domestico all'interno dell'appartamento può essere un'attività estremamente gratificante dal punto di vista psicofisico. Non solo ti permette di coltivare erbe aromatiche e ortaggi freschi, ma anche di godere dei benefici per la salute mentale e fisica che derivano dall'avere un contatto diretto con la natura. Ecco alcuni passi pratici per creare il tuo orto domestico per il benessere psicofisico:

1. **Scegliere il luogo ideale:** Trova un'area dell'appartamento che riceva abbastanza luce solare diretta o indiretta per consentire alle piante di crescere sani e forti. Le finestre rivolte a sud sono generalmente le migliori per la maggior parte delle piante da orto.

2. **Selezione delle piante:** Scegli piante da orto adatte alla coltivazione in vaso e alle condizioni di luce disponibili nel tuo appartamento. Erbe aromatiche come basilico, prezzemolo, timo e menta sono ottime scelte, così come pomodori cherry, peperoncini e insalate a foglia verde.

3. **Preparare i contenitori:** Acquista contenitori o vasi sufficientemente grandi per ospitare le radici delle piante da orto. Assicurati che i contenitori abbiano fori di drenaggio per evitare ristagni d'acqua che potrebbero danneggiare le radici.

4. **Terreno e fertilizzanti:** Utilizza un terriccio di alta qualità adatto alla coltivazione in vaso e arricchiscilo con concime organico per garantire alle piante tutti i nutrienti di cui hanno bisogno per crescere bene.

5. **Semina o trapianto:** Semina i semi direttamente nei contenitori o trapianta le piantine già cresciute dai semenzai. Segui le istruzioni specifiche per ogni tipo di pianta riguardo alla profondità di semina e alla distanza tra le piante.

6. **Annaffiatura e cura:** Mantieni il terreno costantemente umido, ma non inzuppato. Annaffia le piante regolarmente e rimuovi eventuali erbacce che possono competere per risorse con le tue piante da orto.

7. **Monitoraggio e raccolto:** Monitora attentamente le tue piante da orto per individuare eventuali segni di malattie o parassiti e agisci prontamente per trattarli. Raccogli regolarmente le foglie o i frutti delle tue piante per godere di ortaggi e erbe fresche nella tua cucina.

Creare e curare un orto domestico all'interno del tuo appartamento non solo ti fornirà un'abbondanza di prodotti freschi e nutrienti, ma anche un'opportunità per connetterti con la natura e migliorare il tuo benessere psicofisico.

8. Pratiche di mindfulness nel curare e coltivare le piante da interno

Coltivare piante da interno può essere più di una semplice attività di giardinaggio; può essere anche un'opportunità per praticare la mindfulness e aumentare il benessere mentale. La mindfulness, o consapevolezza, implica essere pienamente presenti nel momento presente, consapevoli dei nostri pensieri, emozioni e sensazioni fisiche. Ecco alcuni modi pratici per integrare la mindfulness nella cura e nella coltivazione delle piante da interno:

1. **Osservazione consapevole:** Dedica del tempo ogni giorno per osservare le tue piante da interno con attenzione. Nota la forma delle foglie, i colori, la texture del terreno e qualsiasi cambiamento nel loro aspetto. Questo ti aiuterà a sviluppare una connessione più profonda con le tue piante e ad apprezzare la loro bellezza in modo più completo.

2. **Annaffiatura meditativa:** Trasforma il processo di annaffiare le piante in un'esperienza meditativa. Concentrati sul suono dell'acqua che scorre dal rubinetto, sulla sensazione dell'acqua sulle tue mani e sul terreno umido sotto le radici delle piante. Respira profondamente e senti la gratitudine per l'acqua che nutre le tue piante e favorisce la loro crescita.

3. **Pratiche di respirazione:** Utilizza la cura delle piante come un'opportunità per praticare la respirazione consapevole. Prima di iniziare a curare le tue piante, prenditi qualche istante per sederti accanto a loro, chiudere gli occhi e concentrarti sulla tua respirazione. Inspirando e espirando lentamente, lascia che i tuoi pensieri si calmino e la tua mente si rilassi.

4. **Ascolto attivo:** Dedica del tempo ad ascoltare le tue piante da interno. Oltre a osservarle, cerca di percepire i suoni che emettono, come il fruscio delle foglie mosse dal vento o il suono della crescita delle radici nel terreno. Questa pratica ti aiuterà a sviluppare una connessione più profonda con il mondo naturale che ti circonda.

5. **Gratitudine quotidiana:** Prima di andare a dormire, prenditi un momento per esprimere gratitudine alle tue piante. Ringrazia per la gioia e la bellezza che portano nella tua casa, così come per l'aria pulita e l'energia positiva che creano intorno a te.

Coltivare piante da interno con consapevolezza e gratitudine può trasformare la tua esperienza di giardinaggio in un'opportunità per il benessere mentale e spirituale. Oltre a creare un ambiente più verde e rigenerante nella tua casa, ti aiuterà anche a coltivare una mente più calma e serena.

9. Creare un ambiente di tranquillità con piante da interno

Creare un ambiente di tranquillità con piante da interno è un obiettivo che può essere raggiunto attraverso una serie di pratiche e scelte oculate. Ecco alcuni consigli pratici su come utilizzare le piante per promuovere la serenità e il benessere all'interno del tuo appartamento:

1. **Scegli piante rilassanti:** Opta per piante con proprietà rilassanti e calmanti, come la lavanda, la camomilla, la menta piperita o il gelsomino. Queste piante non solo aggiungono bellezza estetica agli interni, ma possono anche contribuire a ridurre lo stress e favorire un ambiente più tranquillo.

2. **Crea angoli verdi:** Dedica uno spazio nella tua casa per creare un angolo verde, magari con una varietà di piante che emettono profumi rilassanti e creano un'atmosfera pacifica. Puoi posizionare queste piante in vasi decorativi su una mensola, un tavolino o accanto a una finestra per massimizzare l'effetto benefico.

3. **Utilizza la terapia dell'aroma:** Sfrutta gli oli essenziali derivati dalle piante per diffondere aromi rilassanti nell'ambiente domestico. Puoi utilizzare un diffusore di oli essenziali o semplicemente posizionare piante aromatiche come la lavanda o il rosmarino nei vari ambienti della casa.

4. **Crea un giardino zen:** Se hai spazio sufficiente, considera la possibilità di creare un piccolo giardino zen all'interno della tua casa. Utilizza sassi, sabbia, piante grasse e piccoli alberi bonsai per creare un ambiente sereno e meditativo che favorisca il rilassamento e la contemplazione.

5. **Pratica la mindfulness:** Dedica del tempo ogni giorno per sederti accanto alle tue piante da interno e praticare la mindfulness. Concentrati sulla sensazione del terreno sotto le tue dita, sull'aspetto delle foglie e sul suono del vento che le muove leggermente. Questo ti aiuterà a connetterti con il momento presente e a creare un senso di pace interiore.

Creare un ambiente di tranquillità con piante da interno non solo migliora l'aspetto estetico della tua casa, ma può anche avere un impatto positivo sulla tua salute mentale e emotiva. Scegli piante che ti ispirino serenità e pratiche la cura consapevole per godere appieno dei benefici che possono offrire.

10. Promuovere il benessere emotivo attraverso il contatto con la natura in casa

Promuovere il benessere emotivo attraverso il contatto con la natura in casa è una pratica che può portare numerosi vantaggi per la salute mentale e emotiva. Ecco alcuni suggerimenti pratici su come incorporare la natura nel tuo ambiente domestico per migliorare il tuo equilibrio emotivo:

1. **Crea un angolo verde:** Dedica uno spazio nella tua casa per creare un angolo verde, anche se hai poco spazio. Anche una piccola mensola o un tavolino può essere trasformato in un'oasi verde con l'aggiunta di piante da interno come felci, piante grasse o piante rampicanti come il filodendro.

2. **Scegli piante rilassanti:** Opta per piante con proprietà calmanti e rilassanti, come la lavanda, la menta piperita o la salvia. Queste piante non solo aggiungono verde alla tua casa, ma possono anche diffondere aromi che favoriscono il rilassamento e la tranquillità.

3. **Crea un giardino verticale:** Se lo spazio è limitato, considera di creare un giardino verticale utilizzando scaffali o pareti apposite. Puoi appenderci vasi o piantare piante in apposite tasche verticali, creando così un'area verde senza occupare molto spazio a terra.

4. **Pratica la cura delle piante:** Dedica del tempo ogni giorno alla cura delle tue piante da interno. L'atto di annaffiare, potare e prendersi cura delle piante può essere estremamente gratificante e terapeutico, aiutandoti a concentrarti sul presente e a staccare la mente dai pensieri stressanti.

5. **Goditi il contatto tattile:** Il contatto fisico con le piante può essere estremamente benefico per il benessere emotivo. Accarezzare le foglie, annusare i fiori e toccare la terra possono aiutarti a rilassarti e a sentirti più connesso con la natura.

6. **Crea un ambiente rilassante:** Utilizza luci soffuse, suoni rilassanti e elementi naturali come legno o pietra per creare un ambiente caldo e accogliente che favorisca la pace interiore e il relax.

Promuovere il benessere emotivo attraverso il contatto con la natura in casa non solo migliora l'aspetto estetico del tuo ambiente domestico, ma può anche avere un impatto positivo sulla tua salute mentale e emotiva, aiutandoti a ridurre lo stress e a migliorare il tuo umore complessivo.

X. Sfide Avanzate e Soluzioni per la Coltivazione delle Piante da Interno

1. Gestione delle condizioni atmosferiche estreme: caldo, freddo, secchezza

La gestione delle condizioni atmosferiche estreme, come il caldo, il freddo e la secchezza, è fondamentale per mantenere le piante da interno in salute e prosperose. In Italia, dove le variazioni climatiche possono essere significative da una stagione all'altra, è particolarmente importante adottare strategie efficaci per proteggere le piante dagli effetti dannosi delle condizioni estreme.

Durante i periodi di caldo intenso, è essenziale garantire che le piante ricevano un'adeguata idratazione. Questo può essere realizzato aumentando la frequenza dell'irrigazione e assicurandosi che il terreno rimanga costantemente umido, senza però lasciarlo diventare eccessivamente bagnato, il che potrebbe portare a problemi di muffa e marciume radicale. Inoltre, è consigliabile posizionare le piante lontano dalle fonti di calore diretto, come i termosifoni o i caloriferi, per evitare il surriscaldamento eccessivo.

Al contrario, durante i periodi di freddo intenso, è importante proteggere le piante dagli sbalzi termici e dalle gelate. Questo può essere fatto posizionando le piante lontano dalle finestre durante la notte e utilizzando eventualmente coperture o teli isolanti per proteggerle dalle basse temperature. Inoltre, è consigliabile evitare di annaffiare le piante durante i periodi di gelo, poiché l'acqua sulle foglie e sulle radici potrebbe congelare e danneggiare le piante.

Infine, la secchezza dell'aria può rappresentare una sfida per molte piante da interno, specialmente durante i mesi invernali quando i sistemi di riscaldamento tendono ad asciugare l'aria. Per affrontare questo problema, è consigliabile utilizzare umidificatori per mantenere un livello ottimale di umidità nell'ambiente circostante le piante. In alternativa, è possibile posizionare le piante su vassoi riempiti d'acqua o utilizzare spruzzatori per nebulizzare regolarmente le foglie con acqua.

La gestione efficace delle condizioni atmosferiche estreme è essenziale per garantire il benessere delle piante da interno e per consentire loro di prosperare in qualsiasi ambiente domestico. Implementando le giuste strategie e tecniche pratiche, è possibile proteggere le piante dagli effetti dannosi del caldo, del freddo e della secchezza, consentendo loro di crescere rigogliose e vitali tutto l'anno.

2. Trattamento delle malattie radicate e degli attacchi di parassiti persistenti

Quando le piante da interno sono affette da malattie radicate o attacchi persistenti di parassiti, è fondamentale intervenire prontamente con un trattamento mirato per ripristinare la loro salute e prevenire la diffusione dell'infestazione. In Italia, dove molte specie vegetali sono apprezzate per la loro bellezza e le loro proprietà decorative, è importante conoscere i metodi efficaci per affrontare queste problematiche.

Il primo passo nel trattamento delle malattie radicate è identificare correttamente la causa del problema. Le malattie comuni delle piante da interno includono muffe, marciume radicale, batteriosi e virus. Una volta identificata la malattia, è importante rimuovere immediatamente le parti affette della pianta utilizzando forbici o cesoie disinfettate per prevenire la diffusione dell'infezione. Inoltre, è consigliabile isolare la pianta malata dalle altre per evitare il contagio.

Per quanto riguarda gli attacchi persistenti di parassiti, come afidi, cocciniglie o ragnetto rosso, è necessario intervenire con metodi di controllo dei parassiti specifici. Una soluzione comune è l'uso di insetticidi naturali o oli minerali, che possono essere spruzzati sulle foglie per eliminare i parassiti. In alternativa, l'uso di predatori naturali, come coccinelle o acari predatori, può essere efficace nel contenere le infestazioni di insetti dannosi in modo biologico.

In alcuni casi, potrebbe essere necessario ricorrere a trattamenti più aggressivi, come l'uso di insetticidi chimici o fungicidi, per eliminare completamente l'infestazione. Tuttavia, è importante utilizzare tali prodotti con cautela e seguendo attentamente le istruzioni del produttore per evitare danni alle piante o rischi per la salute umana.

Una volta applicato il trattamento, è importante monitorare attentamente le piante nel corso del tempo per assicurarsi che il problema sia stato risolto completamente e che non vi siano ricadute. Inoltre, è consigliabile adottare pratiche colturali preventive, come mantenere un'adeguata aerazione e igiene, per ridurre il rischio di futuri attacchi di parassiti o malattie.

Affrontare le malattie radicate e gli attacchi di parassiti persistenti richiede pazienza, attenzione e conoscenza delle migliori pratiche di gestione delle piante. Con un intervento tempestivo e mirato, è possibile ripristinare la salute delle piante e mantenerle vitali e rigogliose nel tempo.

3. Risolvere problemi di crescita e sviluppo anomalo delle piante

Quando ci troviamo di fronte a problemi di crescita e sviluppo anomalo delle piante da interno, è essenziale identificare le cause sottostanti e adottare le strategie appropriate per risolverli. In Italia, dove la cura delle piante è un'arte ampiamente apprezzata, comprendere e affrontare questi problemi è fondamentale per mantenere le piante in salute e vigorose.

Uno dei problemi più comuni è la crescita lenta o lo sviluppo anomalo delle piante, che può essere causato da una serie di fattori, tra cui carenze nutritive, esposizione inadeguata alla luce, irrigazione eccessiva o scarsa qualità del terreno. Per risolvere questo problema, è importante valutare attentamente le condizioni ambientali e le pratiche di cura delle piante e apportare le correzioni necessarie.

Ad esempio, se le piante mostrano segni di crescita lenta o foglie gialle, potrebbe essere necessario integrare la concimazione con un fertilizzante equilibrato per fornire loro i nutrienti necessari per una crescita sana. Inoltre, assicurarsi che le piante ricevano una quantità sufficiente di luce solare indiretta e regolare l'irrigazione in base alle esigenze specifiche della pianta può favorire uno sviluppo ottimale.

In altri casi, problemi come la crescita eccessiva o lo sviluppo di foglie bruciate possono essere causati da un'eccessiva esposizione alla luce solare diretta o da temperature troppo elevate. In questi casi, è consigliabile spostare le piante in una posizione più ombreggiata o proteggerle dalle alte temperature attraverso l'uso di tende o schermature.

Inoltre, è importante monitorare costantemente le piante per individuare tempestivamente eventuali segni di problemi e intervenire prontamente per prevenirne l'aggravamento. Ciò può includere la potatura regolare per promuovere una crescita equilibrata, la rimozione delle parti danneggiate o malate e l'implementazione di pratiche colturali preventive per ridurre il rischio di futuri problemi.

Affrontare i problemi di crescita e sviluppo anomalo delle piante richiede pazienza, attenzione e conoscenza delle esigenze specifiche di ciascuna specie. Con una cura adeguata e un intervento tempestivo, è possibile risolvere questi problemi e promuovere una crescita sana e vigorosa delle piante da interno.

4. Ottimizzare la crescita e la fioritura attraverso l'aggiustamento dei nutrienti

Per ottimizzare la crescita e la fioritura delle piante da interno, è fondamentale assicurare loro un adeguato apporto di nutrienti. Le piante necessitano di una serie di nutrienti essenziali per svolgere le loro funzioni vitali e produrre fiori rigogliosi. In Italia, dove l'amore per le piante è profondo, comprendere come fornire i nutrienti necessari è cruciale per ottenere risultati soddisfacenti.

Il primo passo per ottimizzare la crescita e la fioritura è comprendere le esigenze specifiche delle piante che si stanno coltivando. Alcune piante possono richiedere una maggiore quantità di determinati nutrienti rispetto ad altre, quindi è importante scegliere un fertilizzante bilanciato che fornisca una gamma completa di nutrienti, come azoto, fosforo, potassio e microelementi.

Quando si applica il fertilizzante, è essenziale seguire le istruzioni sulla confezione e diluirlo correttamente per evitare il rischio di bruciature delle radici o un eccesso di nutrienti che potrebbe danneggiare le piante. Inoltre, è consigliabile utilizzare un fertilizzante a rilascio lento per garantire un apporto costante di nutrienti nel tempo.

Durante il periodo di fioritura, le piante possono avere esigenze nutritive particolari, come un maggiore apporto di potassio per sostenere lo sviluppo dei fiori. In questo caso, è possibile utilizzare un fertilizzante specifico per la fioritura che contenga una maggiore quantità di potassio e altri nutrienti essenziali per favorire una fioritura rigogliosa e duratura.

Inoltre, è importante tenere sotto controllo il pH del terreno o del substrato utilizzato per coltivare le piante. Un pH sbilanciato può influenzare la disponibilità dei nutrienti per le piante e compromettere la loro crescita e fioritura. Utilizzare un kit per il controllo del pH e apportare eventuali correzioni con correttori del pH specifici può contribuire a mantenere un ambiente ottimale per le piante.

Infine, monitorare attentamente la risposta delle piante all'apporto di nutrienti e apportare eventuali aggiustamenti in base alle loro esigenze specifiche è fondamentale per garantire una crescita e una fioritura ottimali nel lungo termine.

5. Adattamento delle cure per piante esotiche o rare

Quando si tratta di coltivare piante esotiche o rare all'interno di casa, è fondamentale adattare le cure in base alle loro esigenze specifiche. Queste piante possono provenire da climi e ambienti diversi rispetto a quelli domestici italiani e richiedere cure speciali per prosperare.

Prima di tutto, è essenziale informarsi sulle condizioni ambientali ideali per ciascuna pianta esotica o rara. Queste informazioni possono essere reperite attraverso ricerche online, libri specializzati o consultando esperti del settore. Una volta comprese le esigenze specifiche della pianta, è possibile adattare l'ambiente domestico per fornire le condizioni ottimali.

Ad esempio, alcune piante esotiche potrebbero richiedere un'umidità più elevata rispetto alla media delle case italiane. In questi casi, è possibile utilizzare umidificatori d'aria per aumentare l'umidità intorno alle piante o posizionare vassoi con ghiaia e acqua sotto i vasi per creare un microclima più umido.

Inoltre, alcune piante esotiche possono necessitare di una luce specifica per crescere correttamente. Se la luce naturale non è sufficiente, si può integrare la luce artificiale con lampade a spettro completo per fornire alle piante la luce di cui hanno bisogno per la fotosintesi.

È importante anche prestare attenzione alle temperature, poiché alcune piante esotiche potrebbero non sopportare il freddo o il caldo eccessivo. Mantenere una temperatura costante e confortevole all'interno della casa è quindi essenziale per il benessere di queste piante.

Infine, monitorare attentamente la salute e lo sviluppo delle piante esotiche e apportare eventuali regolazioni alle cure in base alle loro risposte è fondamentale per garantire il loro successo. Con un'attenzione particolare e un adeguato adattamento delle cure, è possibile coltivare con successo piante esotiche e rare anche all'interno delle abitazioni italiane.

6. Sperimentazione con nuove tecniche di coltivazione

Sperimentare con nuove tecniche di coltivazione può essere un modo eccitante per migliorare la salute e la vitalità delle piante da interno. Queste nuove metodologie possono offrire soluzioni innovative per affrontare sfide specifiche legate alla coltivazione in ambienti domestici.

Una tecnica sempre più popolare è l'idrocoltura, che coinvolge la coltivazione delle piante in un substrato inerte come argilla espansa o fibra di cocco, alimentate da una soluzione nutritiva liquida anziché dal terreno. Questo metodo consente un maggiore controllo sulla quantità di acqua e nutrienti forniti alle piante, riducendo il rischio di malattie del suolo e permettendo una crescita più veloce e vigorosa.

Un altro approccio innovativo è l'utilizzo di sistemi di coltivazione verticali, che sfruttano lo spazio in altezza per massimizzare la quantità di piante che possono essere coltivate in un ambiente limitato. Questi sistemi possono essere realizzati con pareti verdi modulari o scaffalature appositamente progettate, consentendo di creare un vero e proprio giardino verticale all'interno di casa.

Inoltre, la tecnica della aeroponica sta guadagnando popolarità tra gli appassionati di giardinaggio indoor. Questo metodo coinvolge la coltivazione delle piante in un ambiente ad alta umidità, con le radici sospese nell'aria e spruzzate periodicamente con una soluzione nutritiva. Questa tecnica favorisce una crescita rapida e vigorosa delle piante, riducendo al minimo l'uso di acqua e sostanze nutritive.

Anche l'utilizzo di sistemi automatizzati di irrigazione e controllo ambientale, come i timer per l'irrigazione e i sensori di umidità e temperatura, può semplificare notevolmente la gestione delle piante da interno, garantendo che ricevano esattamente ciò di cui hanno bisogno per prosperare.

Esplorare queste nuove tecniche di coltivazione può offrire ai giardinieri domestici l'opportunità di sperimentare e innovare, portando a risultati sorprendenti e alla realizzazione di ambienti verdi più sani e attraenti all'interno delle loro case.

7. Affrontare le sfide della gestione dell'acqua nelle piante da interno

Affrontare le sfide legate alla gestione dell'acqua è fondamentale per il successo della coltivazione delle piante da interno. Troppa o troppo poca acqua può causare problemi significativi alla salute delle piante, quindi è importante adottare strategie efficaci per garantire un'irrigazione adeguata e evitare ristagni idrici o secchezza eccessiva.

Una delle prime considerazioni da tenere presente è il tipo di pianta e le sue esigenze specifiche di irrigazione. Alcune piante preferiscono terreni costantemente umidi, mentre altre richiedono periodi di asciutta tra un'irrigazione e l'altra. Ad esempio, le piante tropicali come i ficus possono sopportare terreni leggermente umidi, mentre le piante grasse richiedono terreni ben drenati e periodi di asciutta.

Un modo per affrontare efficacemente le sfide legate alla gestione dell'acqua è utilizzare vasi con fori di drenaggio sul fondo. Questi fori consentono all'acqua in eccesso di defluire dal vaso, evitando il ristagno e prevenendo il marciume radicale. Assicurarsi che i vasi siano posizionati su sottovasi o piatti per raccogliere l'acqua in eccesso e evitare che si accumuli sulle superfici.

Inoltre, è utile adottare una tecnica di irrigazione regolare e coerente. Piuttosto che innaffiare le piante sporadicamente e in modo eccessivo, è consigliabile irrigare regolarmente le piante secondo le loro esigenze specifiche. Questo può essere fatto verificando il livello di umidità del terreno con un dito o utilizzando un misuratore di umidità del suolo.

Un'altra strategia importante è evitare l'uso di acqua eccessivamente fredda o clorata, che potrebbe danneggiare le radici delle piante. Si consiglia di lasciare riposare l'acqua del rubinetto per almeno 24 ore prima dell'uso per consentire alla clorina di evaporare e per portare l'acqua alla temperatura ambiente.

Affrontare con successo le sfide legate alla gestione dell'acqua può contribuire in modo significativo alla salute e al benessere delle piante da interno, garantendo una crescita vigorosa e una fioritura abbondante.

8. Superare le difficoltà nell'adattamento delle piante al cambiamento di stagione

Superare le difficoltà legate all'adattamento delle piante al cambiamento di stagione è una sfida comune per molti coltivatori di piante da interno. Le variazioni nelle condizioni ambientali, come la temperatura e l'umidità, possono influenzare significativamente la salute e la crescita delle piante, richiedendo un'attenzione particolare e talvolta alcune modifiche nelle cure.

Una delle principali difficoltà nell'adattamento delle piante al cambio di stagione è rappresentata dalla riduzione della luce solare disponibile durante i mesi invernali. Le giornate più corte e il sole meno intenso possono influenzare negativamente la crescita delle piante che richiedono elevate quantità di luce. In questo caso, è possibile compensare la mancanza di luce solare naturale utilizzando luci artificiali a spettro completo, che forniscono alle piante la luce di cui hanno bisogno per fotosintetizzare in modo efficace.

Inoltre, durante i mesi più freddi, le piante possono essere soggette a sbalzi di temperatura tra il giorno e la notte, il che può compromettere la loro salute. Per mitigare questo problema, è consigliabile posizionare le piante lontano da fonti di calore come termosifoni o caminetti e proteggerle dalle correnti d'aria fredda. Inoltre, è possibile utilizzare protezioni termiche come avvolgibili o teli isolanti per proteggere le piante sensibili dal freddo eccessivo.

Un'altra sfida comune durante il cambio di stagione è rappresentata dalla variazione dell'umidità dell'aria. Durante i mesi invernali, l'aria tende ad essere più secca a causa del riscaldamento interno, il che può causare problemi alle piante che richiedono un'alta umidità ambientale. Per mantenere un livello ottimale di umidità intorno alle piante, è possibile utilizzare umidificatori o creare vassoi con ciottoli e acqua per aumentare l'umidità dell'aria circostante.

Infine, è importante monitorare attentamente le piante durante il cambio di stagione e apportare eventuali modifiche alle cure in base alle loro esigenze specifiche. Osservare attentamente segni di stress o malattie e intervenire prontamente con le cure appropriate può contribuire a garantire che le piante rimangano sane e prosperose anche durante i periodi di transizione stagionale.

9. Mantenere un giardino interno sano e armonioso nel lungo termine

Mantenere un giardino interno sano e armonioso nel lungo termine richiede dedizione, osservazione e una serie di pratiche costanti. Con l'attenzione giusta, è possibile creare un ambiente verde e rigoglioso che non solo abbellisce la casa, ma contribuisce anche al benessere degli abitanti. Ecco alcuni passaggi e tecniche pratiche per assicurare la longevità e la salute del vostro giardino interno.

1. Irrigazione Regolare ma Controllata

L'irrigazione è fondamentale, ma è importante evitare sia l'eccesso che la carenza d'acqua. La maggior parte delle piante da interno apprezzate in Italia, come la Sansevieria (lingua di suocera) e la Dracaena, preferiscono un terreno leggermente umido ma ben drenato. Un buon metodo è utilizzare un dito per testare l'umidità del terreno a circa 2-3 cm di profondità. Se risulta asciutto, è il momento di annaffiare.

2. Luce Adeguata

Le esigenze di luce variano notevolmente tra le diverse specie. Le piante come il Ficus elastica (fico del caucc“ù) richiedono luce indiretta intensa, mentre piante come la Zamioculcas zamiifolia (pianta ZZ) possono prosperare in condizioni di luce bassa. Utilizzare lampade da coltivazione può essere utile durante i mesi invernali quando la luce naturale scarseggia.

3. Nutrizione Bilanciata

L'applicazione regolare di fertilizzanti specifici per piante da interno può fare una grande differenza nella salute del giardino interno. Utilizzare fertilizzanti liquidi ogni due settimane durante la stagione di crescita (primavera ed estate) e ridurre la frequenza durante l'inverno. Le piante come la Pothos (Epipremnum aureum) beneficiano di un fertilizzante bilanciato con una formula 20-20-20.

4. Controllo dei Parassiti

Un giardino interno sano richiede monitoraggio costante per identificare e gestire tempestivamente eventuali parassiti. Gli afidi, le cocciniglie e gli acari sono comuni in ambienti interni. Pulire le foglie regolarmente e utilizzare soluzioni a base di sapone insetticida o olio di neem può prevenire e controllare infestazioni.

5. Potatura e Pulizia Regolare

La potatura aiuta a mantenere la forma e la salute delle piante, promuovendo una crescita vigorosa. Rimuovere foglie morte o danneggiate e tagliare rami secchi aiuta a prevenire malattie e favorisce la circolazione dell'aria. Per esempio, la potatura delle piante rampicanti come il Philodendron permette di controllarne la crescita e mantenere un aspetto ordinato.

6. Rotazione delle Piante

Per evitare che le piante crescano inclinando verso la luce, è utile ruotarle periodicamente. Questa pratica assicura una crescita uniforme e simmetrica. Piante come il Monstera deliciosa (pianta del pane) beneficiano particolarmente della rotazione regolare.

7. Ambiente Ideale

Mantenere una temperatura costante tra i 18-24°C è ideale per la maggior parte delle piante da interno. Evitare di posizionarle vicino a fonti di calore dirette o in correnti d'aria fredda. L'umidità è altrettanto importante; utilizzare umidificatori o posizionare vassoi d'acqua vicino alle piante può mantenere un livello di umidità adeguato.

8. Osservazione e Adattamento

Ogni pianta ha esigenze specifiche, e l'osservazione attenta è fondamentale per rilevare eventuali segni di stress o malattia. Cambiamenti nelle foglie, come ingiallimento o macchie, possono indicare problemi che richiedono interventi immediati, come modifiche nell'irrigazione o nel posizionamento.

Con queste tecniche e pratiche, è possibile mantenere un giardino interno sano e armonioso, garantendo che le piante prosperino e continuino a migliorare la qualità dell'ambiente domestico per molti anni a venire.

10. Continuare a imparare e adattare le pratiche di coltivazione alle nuove sfide

Coltivare piante da interno è un'arte che richiede continua apprendimento e adattamento. Le condizioni ambientali, le tecnologie di coltivazione e le conoscenze scientifiche evolvono costantemente, rendendo fondamentale per ogni appassionato di giardinaggio interno aggiornarsi regolarmente. Questo capitolo esplora l'importanza di rimanere informati e adattabili, offrendo consigli pratici su come affrontare le nuove sfide nella coltivazione delle piante da interno.

1. Educarsi Costantemente

Uno dei modi migliori per continuare a migliorare come giardiniere interno è quello di investire tempo nella lettura di libri, articoli e riviste specializzate in botanica e giardinaggio. Partecipare a workshop e seminari può offrire nuove prospettive e tecniche. Per esempio, le piante come la Calathea, molto apprezzate in Italia per il loro fogliame decorativo, possono richiedere tecniche specifiche di cura che si evolvono con nuove ricerche.

2. Sperimentare con Nuove Tecnologie

L'adozione di tecnologie avanzate può fare una grande differenza nella cura delle piante da interno. Utilizzare sensori di umidità del suolo, sistemi di irrigazione automatizzati e luci di coltivazione a LED regolabili può migliorare notevolmente la salute delle piante. Ad esempio, i sistemi di irrigazione automatici con timer possono garantire che piante come la Ficus benjamina ricevano l'acqua necessaria anche quando si è fuori casa.

3. Seguire Forum e Community Online

Partecipare a forum e community online di giardinaggio può essere una fonte inestimabile di consigli pratici e supporto. Scambiarsi esperienze con altri appassionati può aiutare a risolvere problemi specifici e a scoprire nuove varietà di piante. Gruppi di social media e piattaforme come Reddit e Facebook offrono spazi per condividere successi e fallimenti, imparando insieme.

4. Adattarsi alle Condizioni Ambientali Variabili

Le condizioni ambientali interne possono variare drasticamente
con il cambiare delle stagioni. È essenziale monitorare e
adattare le pratiche di cura per mantenere le piante sane.
Durante l'inverno, ad esempio, potrebbe essere necessario
aumentare l'umidità per piante come l'Areca (Dypsis lutescens)
che soffrono l'aria secca.

5. Affrontare Nuove Malattie e Parassiti

La globalizzazione e il cambiamento climatico portano nuove
sfide, come malattie e parassiti emergenti. Mantenere una
conoscenza aggiornata sulle tecniche di prevenzione e
trattamento è cruciale. Per esempio, la comparsa di nuovi tipi di
afidi richiede soluzioni specifiche che potrebbero non essere
state necessarie in passato.

6. Collaborare con Esperti

Non esitare a consultare esperti in botanica e giardinaggio per
risolvere problemi complessi. I consulenti possono offrire
analisi dettagliate e soluzioni su misura per le esigenze
specifiche delle piante. Le università e i giardini botanici
spesso offrono risorse e servizi di consulenza.

7. Documentare e Analizzare

Tenere un diario delle attività di giardinaggio può aiutare a
identificare schemi e migliorare le tecniche di cura. Annotare
dettagli come tempi di irrigazione, quantità di fertilizzante
utilizzato e cambiamenti osservati nelle piante permette di fare
aggiustamenti informati. Ad esempio, documentare la risposta
delle piante ai diversi tipi di fertilizzanti può aiutare a
ottimizzare la nutrizione.

8. Accogliere la Diversità Vegetale

Sperimentare con una varietà di piante può arricchire
l'ambiente interno e offrire nuove sfide. Introdurre specie
esotiche o meno comuni, come la Begonia maculata o la
Maranta leuconeura, può stimolare l'apprendimento e
l'adattamento delle tecniche di coltivazione.

9. Rispondere ai Cambiamenti del Clima Interno

Monitorare e rispondere ai cambiamenti microclimatici
all'interno della casa è cruciale. L'uso di termometri, igrometri
e misuratori di luce può aiutare a creare condizioni ottimali. Ad
esempio, spostare le piante lontano da finestre con correnti
d'aria in inverno può prevenire danni da freddo.

10. Essere Pazienti e Persistenti

Il giardinaggio è un processo continuo di apprendimento e
adattamento. Non scoraggiarsi di fronte a fallimenti o problemi,
ma vederli come opportunità di crescita. La pazienza e la
perseveranza sono fondamentali per il successo a lungo
termine.

In conclusione, mantenere un giardino interno sano e
armonioso richiede un impegno costante nell'apprendimento e
nell'adattamento. Con un approccio flessibile e informato, è
possibile affrontare le nuove sfide e godere dei numerosi
benefici che le piante da interno portano alla vita quotidiana.

Vuoi un nostro libro a soli 0,99€? Ecco come fare!

Ciao!
Se ti è piaciuto questo libro, puoi ricevere il prossimo titolo **a soli 0,99€**, scegliendo tra:

📖 eBook
🖨 PDF di un libro cartaceo

Segui questi semplici passaggi:

📍 **1.** Condividi la tua esperienza sul sito dove hai effettuato l'acquisto.

📍 **2.** Invia uno screenshot **del tuo feedback** dove si legge anche la dicitura "Acquisto verificato" a:
info.testicreativi@gmail.com

📍 **3.** Riceverai un codice sconto personale da utilizzare sul nostro store online, valido per ottenere il prossimo libro **a soli 0,99€**.

📑 La tua opinione conta davvero: ogni recensione ci aiuta a crescere e permette a nuovi lettori di scoprire i nostri libri.

Grazie di cuore per il tuo tempo e buona lettura!